"一带一路"背景下中国对外直接投资研究

褚 晓 著

中国书籍出版社
China Book Press

图书在版编目（CIP）数据

"一带一路"背景下中国对外直接投资研究 / 褚晓著 . -- 北京：中国书籍出版社, 2023.4

ISBN 978-7-5068-9387-9

Ⅰ.①一… Ⅱ.①褚… Ⅲ.①对外投资—直接投资—研究—中国 Ⅳ.① F832.6

中国国家版本馆 CIP 数据核字（2023）第 063826 号

"一带一路"背景下中国对外直接投资研究

褚　晓　著

责任编辑	成晓春
装帧设计	李文文
责任印制	孙马飞　马　芝
出版发行	中国书籍出版社
地　　址	北京市丰台区三路居路 97 号（邮编：100073）
电　　话	（010）52257143（总编室）（010）52257140（发行部）
电子邮箱	eo@chinabp.com.cn
经　　销	全国新华书店
印　　刷	天津和萱印刷有限公司
开　　本	710 毫米 ×1000 毫米　1/16
字　　数	205 千字
印　　张	10.75
版　　次	2023 年 7 月第 1 版
印　　次	2023 年 7 月第 1 次印刷
书　　号	ISBN 978-7-5068-9387-9
定　　价	72.00 元

版权所有　翻印必究

前　言

2013年，习近平总书记在哈萨克斯坦和印度尼西亚分别提出了共同建设"丝绸之路经济带"和"21世纪海上丝绸之路"的倡议，拉开了"一带一路"建设的宏伟序幕。经过多年的建设，"一带一路"倡议从无到有、由点及面，取得长足进展，已经形成了各国共商、共建、共享的合作局面。

"一带一路"战略构想的提出顺应了世界发展大势。亚洲新合作浪潮为中国发展新的战略手段提供了良好的外部环境。同时，新兴市场对外投资高涨，全球投资治理格局发生变迁，助推中国对外投资的兴起和加速。中国经济迈入新常态也在助推"一带一路"对外投资升级。近年来，中国经济高速发展、经济总量的不断增长，为对外投资加速发展奠定基础。但随之而来的产能过剩和外汇储备过剩导致资源及资产配置问题突出，需合理转移以支持中国企业"走出去"。另外，通过"一带一路"建设加强对外投资有助于平衡中国地区发展，调整西部大开发未能改变的长期东西部发展不平衡状况。

本书共五章，第一章为"一带一路"建设概述，内容包括"一带一路"建设提出的背景、"一带一路"建设的内涵解读、"一带一路"建设的发展脉络、"一带一路"建设的时代意义；第二章为"一带一路"背景下各国产业特点和投资现状，内容包括"一带一路"沿线国家经济形势与产业特点、"一带一路"背景下各国和地区投资环境分析、"一带一路"背景下中国对外投资现状；第三章为"一带一路"建设对中国对外直接投资的影响，内容包括国际经济格局变化与中国的国际投资地位、中国企业对外直接投资的概况与特征、"一带一路"建设与中国对外直接投资的新方向；第四章为"一带一路"背景下中国对外直接投资的风险防控，内容包括"一带一路"背景下中国企业对外直接投资的风险分析、"一带一路"背景下中国企业对外直接投资风险防控存在的问题、"一带一路"背景下构建中国对外直接投资风险防控体系的对策；第五章为"一带一路"背景下中国对外经贸合作及策略，内容包括"一带一路"背景下中国对外经贸合作演进、"一带一路"背景下重点合作区域与策略、中国与"一带一路"沿线国家双向直接投资合作、中国企业对外直接投资进入模式战略分析。

  本书在撰写过程中，得到了许多专家学者的帮助和指导，参考了大量的学术文献，在此表示真诚的感谢。本书力图做到内容系统全面，论述条理清晰、深入浅出，但由于作者水平有限，书中难免会有疏漏之处，希望广大读者予以指正。

作者

2022 年 10 月

目 录

第一章 "一带一路"建设概述 ··· 1
第一节 "一带一路"建设提出的背景 ····································· 1
第二节 "一带一路"建设的内涵解读 ····································· 7
第三节 "一带一路"建设的发展脉络 ····································· 9
第四节 "一带一路"建设的时代意义 ··································· 12

第二章 "一带一路"背景下各国产业特点和投资现状 ··············· 35
第一节 "一带一路"沿线国家经济形势与产业特点 ············· 35
第二节 "一带一路"背景下各国和地区投资环境分析 ········· 43
第三节 "一带一路"背景下中国对外投资现状 ···················· 47

第三章 "一带一路"建设对中国对外直接投资的影响 ··············· 51
第一节 国际经济格局变化与中国的国际投资地位 ·············· 51
第二节 中国企业对外直接投资的概况与特征 ····················· 54
第三节 "一带一路"建设与中国对外直接投资的新方向 ····· 59

第四章 "一带一路"背景下中国对外直接投资的风险防控 ······· 62
第一节 "一带一路"背景下中国企业对外直接投资的风险分析····· 62
第二节 "一带一路"背景下中国企业对外直接投资风险防控存在的问题····· 78
第三节 "一带一路"背景下构建中国对外直接投资风险防控体系的对策····92

第五章 "一带一路"背景下中国对外经贸合作及策略 ……… 118
第一节 "一带一路"背景下中国对外经贸合作演进 ……… 118
第二节 "一带一路"背景下重点合作区域与策略 ……… 128
第三节 中国与"一带一路"沿线国家双向直接投资合作 ……… 151
第四节 中国企业对外直接投资进入模式战略分析 ……… 153

参考文献 ……… 164

第一章 "一带一路"建设概述

2013年，习近平总书记在哈萨克斯坦和印度尼西亚分别提出了共同建设"丝绸之路经济带"和"21世纪海上丝绸之路"（以下简称"一带一路"）的倡议，拉开了"一带一路"建设的宏伟序幕。经过多年的建设，"一带一路"倡议从无到有、由点及面，取得长足进展，已经形成了各国共商、共建、共享的合作局面。

本章为"一带一路"建设概述，分别介绍"一带一路"建设提出的背景、"一带一路"建设的内涵解读、"一带一路"建设的发展脉络、"一带一路"建设的时代意义。

第一节 "一带一路"建设提出的背景

"一带一路"倡议是以习近平同志为核心的党中央站在历史高度、着眼世界大局、面向中国与亚太各国长远发展提出的重大战略构想，是关乎未来中国改革发展、稳定繁荣乃至实现中华民族伟大复兴中国梦的重大"顶层设计"。"一带一路"构想对于我国加快形成陆海统筹、东西互济的全方位对外开放和全面发展新格局、促进区域共同繁荣和世界和平发展具有重大而深远的意义。"一带一路"构想的提出，是我国主动应对全球形势深刻变化、统筹国内国际两个大局，主动创造合作、和平、和谐对外合作环境做出的重大战略举措，具有深刻的时代背景。

一、国际地缘政治因素

世界格局"南升北降"，国际战略格局"东升西降"。当前，国际形势继续发生着深刻复杂的变化，世界多极化、经济全球化深入发展，文化多样化、社会信息化持续推进，国际格局和国际秩序加速调整演变。从2008年全球金融危机爆发至今已十余年，从目前的发展情况来看，欧美等发达国家虽然表现出阶段性复苏迹象，但经济增长依旧乏力，经济增长速度不断回落，总体仍未摆脱发展的困境，其要完成金融整治和经济结构的调整，重回增长之路，可能还需要较长的时间。与此同时，新兴经济体和发展中国家集体崛起，改写了世界经济、政治版图，世界格局"南升北降"成为不可逆转的大势。全球经济与战略重心东移、国际战略格局"东升西降"日趋明朗，全球地缘政治权势和地缘经济实力从发达国家向发展中国家转移，国际力量对比继续朝着均衡的方向发展。

而这种国际力量均衡发展的重要表现，一方面就是中国综合国力的稳步提升和美国力量的相对衰退；从另外一方面讲，国际战略格局的"东升西降"就是中国的崛起导致了自苏联解体之后由美国单一超级大国主导国际战略格局正逐步调整，乌克兰危机、西亚和北非的动荡等均体现了美国地缘政治影响力的边际效应正在发生衰减。究其原因，主要包含以下三个方面：第一，金融危机以来，美国的自身实力已经难以满足世界多点爆发的安全局势的维稳需求，美国在诸多事件的"力不从心"使得美国"世界警察"的角色日趋褪色；第二，美国为挽救自身经济推行的量化宽松政策，即通过超发美元让世界为其国内危机买单的行为，从根本上动摇了美国赖以生存的美元信誉基础，特别是这一行为对欧元区一体化的负面影响，潜在动摇了西欧国家与美国结盟体系的根基；第三，美国掀起的页岩气革命促使美国从石油原油净进口市场转为净出口市场，这无疑将对全球最大宗商品的原油市场产生深刻影响。除影响国际原油期货价格走势之外，还有两个深层次的影响不可忽视：一是美国在中东地区的利益关切发生根本性改变，导致美国国内民众对美国干涉中东事务日趋保守甚至反对；二是美国与沙特等国的相互依存的市场关系转为相互竞争的市场关系，美国在中东地区的关系基础受到冲击。

周边国家对中国的战略倚重不断上升，但仍存不稳定因素。当前亚洲已经拥有世界三分之一的经济总量，是当今世界最具发展活力和潜力的地区之一，在世界战略全局中的地位进一步上升，很多人认为亚洲国家正在崛起，亚洲世纪已经到来。周边国家与我国的经济关系更加紧密，对我国的经济依存度不断加深。21世纪以来，中国同周边国家贸易额大幅增长，超过了中国与欧洲、美国的贸易之和，已成为众多周边国家的最大贸易伙伴、最大出口市场、重要投资来源地。周边国家和我国的利益交融不断深化，对我国的战略倚重不断上升，正加速迈向"命运共同体"，我国已经成为拉动周边地区发展的最活跃因素。

与此同时,我们也必须看到我国周边形势稳中有忧的一面。我国同14个陆上邻国接壤,和6个海上国家相望。这些国家在历史文化、政治制度、民族宗教等方面都存在很大差异,双方政治安全互信有待加强,印度、日本、越南、菲律宾等国和我国还存在领土和海洋权益争议。随着美国等域外国家加大介入南海问题,我国周边地区已成为大国博弈最集中、战略投入最多的地区,这在一定程度上加剧了情况的复杂性和不确定性。

经历了四十多年的改革开放之后,我国的发展已经进入了一个新的历史阶段。2010年,我国经济总量超过日本成为亚洲第一、世界第二。根据世界银行的报告,按照购买力平价(PPP)计算,中国在2014年已取代美国,一举成为全球最大的经济体。虽然有学者不认可这一说法,但中国的强势崛起已成为公认的事实。此外,2008年和2010年中国还分别成功举办北京奥运会和上海世博会,中国已经被推上了世界舞台的前沿,这是中国发展史上的一个标志性转折点。2021年,我国国内生产总值比上年增长8.1%,经济增速在全球主要经济体中名列前茅;经济总量突破110万亿元,达114.4万亿元。2022年,我国国内生产总值(GDP)达121万亿元,这是继2020年、2021年连续突破100万亿元、110万亿元之后,再次跃上新台阶。按年平均汇率折算,我国经济总量达18万亿美元,稳居世界第二位。人均国内生产总值为85698元,按年平均汇率折算达12741美元,继续保持在1.2万美元以上。"我们从来没有像今天这样接近实现中华民族伟大复兴的目标,从来没有像今天这样接近世界舞台中央"。[①]

中美战略博弈日益白热化,美国在亚太地区新的战略布局与中国参与建构的国际新秩序形成越来越激烈的对冲。在中国因素的带动下,世界格局的重心向亚太地区转移。近些年以来,美国在亚太地区的布局可分为两个阶段。

在奥巴马政府执政时期,美国提出要"重返亚洲",推行"巧实力"外交,实施"亚太再平衡"战略,在外交、军事、安全、经贸等领域推行了一系列新举措,试图围堵中国的发展空间,遏制中国的发展势头。首先,美国不断加大对南海问题的介入力度,从隐性到显性,从幕后到台前,从不持立场到拉偏架,将南海问题作为牵制我国发展的重要抓手之一。在其暗地支持下,越南、菲律宾等国利用

---

① 把我们党建设成为世界上最强大的一个政党——庆祝中国共产党成立96周年[J].求是,2017(13).

外交法理、国际仲裁等继续强化其占有岛礁的主权权益，并推动东盟在南海问题上抱团对我。此外，在这一时期，美国还强化"美日安保"，不断拉拢日、韩、菲、澳等国打造环绕中国东部的"三条岛链"，构建从日本东京到阿富汗首都喀布尔的"新月形"包围圈，明里暗里插手东海问题，驻军澳大利亚、重返菲律宾，炒作海空一体战、离岸作战，加紧推进"跨太平洋战略伙伴关系协定"（TPP），意欲继续主导亚太政经格局，遏制中国发展。

2017年1月特朗普上台后，虽然美国退出了TPP，但通过双边贸易的巩固和加强，其贸易保护主义明显抬头。特朗普政府提出的"印太战略"虽仍未成形，但在亚太地区的政策和对中国的战略博弈不会减弱。

二、世界和国内经济发展因素

发达经济体在全球经济增长中的主导地位已经发生动摇，新兴与发展中经济体逐渐成为稳定经济增长的主要力量。当前全球经济格局深刻变化，在高额政府债务、投资机会缺乏、欧债危机冲击、产业创新缓慢、货币环境紧缩、失业率居高不下等因素的共同作用下，过去几十年引领全球经济增长的发达经济体在全球经济增长中的主导作用已经发生动摇。与此同时，新兴经济体的群体性崛起始终保持着较高增长率，新兴经济体逐渐成为稳定经济增长的主要力量。目前，按照购买力平价指数计算，新兴经济体和发展中经济体占世界GDP的比重已经超过50%，全球经济中心开始由发达国家逐渐向发展中国家转移。

发达国家调整发展战略仍是控制国际贸易规则制定的主要力量。发达国家经济实力虽相对衰落，但在短期内其主导和影响世界经济的能力仍未发生根本的变化，仍是控制国际贸易规则制定及全球治理的主要力量。与此同时，中国在贸易和投资等领域对外经济活动的迅猛发展给发达国家带来了巨大的竞争压力，发达国家出台了种种贸易、投资和货币政策上的保护主义措施。欧美日正在不断强化其在新一轮贸易规则中的话语权，美国推动和主导的跨太平洋战略伙伴关系协定（TPP）和跨大西洋贸易与投资伙伴关系协定（TIP）谈判企图掌控和影响下一轮国际贸易规则主导权。

但随着国民经济总量基数增大，支撑经济发展的人力资源、自然资源以及制度安排和经济政策等要素正在发生变化，再加上国际金融危机的外来影响，中国经济正面临着近年来少有的错综复杂局面，呈现出"新常态"，正处于增长速度换挡期、结构调整阵痛期、前期刺激政策消化期"三期叠加"的新阶段。

2008年国际金融危机爆发后，中国经济遭受巨大冲击，为扭转增速下滑过快造成的不利影响，政府及时采取拉动内需和产业振兴等一揽子刺激政策，推动经济增长在短期内迅速企稳回升，使中国经济率先走出危机阴影。但是随着刺激政策的退出，短期的强刺激政策也带来了产能过剩等一系列负面影响，使此后的宏观政策选择受到掣肘。通常健康且创利的产业产能利用率应当在85%以上，而据国际货币基金组织测算，中国全部产业产能利用率不超过65%。我国传统的出口国较为单一和狭窄，美国、欧洲和日本占据出口的核心国位置，占比很高，但这些传统的出口市场已经开拓得较为充分，再加上国际金融危机的影响，增量空间已经不大，国内的过剩产能很难进行消化。而我国周边的东盟、中亚、南亚等发展中国家和地区资源丰富、市场广阔、潜力巨大，因此对外开放的格局需要调整、转向。

三、"一带一路"的推进路径

"一带一路"作为跨越时空的宏伟构想，以跨越时空的文化认同为基础，融古通今、内联外接，继承并弘扬了"和平合作、开放包容、互学互鉴、互利共赢"的丝绸之路精神，承载着丝绸之路沿途各国发展繁荣的梦想，对促进沿线各国繁荣发展和东西方交流合作具有不可替代的作用。

"一带一路"倡议是谋求共同发展的一种理念，目的是达到合作共赢，不是要另起炉灶建立组织或机构，而是注重现有区域合作机制相辅相成，不但不排斥，而且包容共存，欢迎各国、各国际组织、地区组织参与共建，其合作机制和原则具有高度的开放性、灵活性和包容性。

首先，通过加强双边合作，开展多层次、多渠道沟通磋商，推动双边关系全面发展。例如，充分发挥现有联委会、混委会、协委会、指导委员会、管理委员会等双边机制作用，协调推动合作项目实施。

其次，充分发挥沿线现有的多边合作机制的作用。例如，通过上海合作组织、中国—东盟"10+1"、亚太经合组织、亚欧会议、亚洲合作对话、亚信会议等现有多边合作机制作用，加强与相关国家沟通，让更多国家和地区参与"一带一路"建设。

最后，充分发挥沿线现有的区域、次区域相关国际论坛、展会的建设性作用。例如，充分发挥博鳌亚洲论坛、中国—东盟博览会、中国—阿拉伯博览会、欧亚经济论坛、中国国际投资贸易洽谈会等平台的建设性作用，同时倡议建立"一带一路"国际高峰论坛，共同探讨共建"一带一路"相关事宜。

优先区域和国家："一带一路"贯穿亚欧非大陆，连接了活跃的东亚经济圈和发达的欧洲经济圈。丝绸之路经济带重点畅通中国经中亚、俄罗斯至欧洲（波罗的海）、中国经中亚、西亚至波斯湾、地中海，中国至东南亚、南亚、印度洋。21世纪"海上丝绸之路"的重点方向是从中国沿海港口过南海到印度洋并延伸至欧洲，以及从中国沿海港口过南海到南太平洋。

东南亚地区连接两洲两洋，地理位置重要，自然资源丰富，发展前景广阔。中国经过多年的经营，已经有了较好的经济和人文优势。"一带一路"建设近期应以东南亚、南亚为优先方向，将东南亚作为建设重点中的重点。第一，以湄公河流域为重点，打造东南半岛新的合作机制；第二，以海上东盟国家为重点，打造新的南海沿岸国合作机制，有效管控南海问题，加快沿岸国的合作；第三，继续利用好中国—东盟合作平台，增进政治互信尽快打造中国—东盟自贸区升级版，加快与东盟国家的互联互通建设。

重点领域和推进路径：从国家层面上，重点是要围绕政策沟通、设施联通、贸易畅通、资金融通、民心相通"五通"着力推进，把互联互通和贸易畅通作为重点领域。

第一，加强政策沟通。中国要与相关国家就"一带一路"规划进行交流，本着求同存异原则，协商制定推进区域合作的规划和措施，在政策和法律上为规划实施扫清障碍。

第二，促进互联互通建设。当前，中国与沿线国家的联通建设严重滞后，通过与沿线国家的基础交通设施、基础产业、能源设施和信息网络的联通，可以构建互联互通的跨境大通道和信息网络，并带动中国技术、标准、装备"走出去"。

第三，提升贸易合作水平。"一带一路"连接亚太经济圈和欧洲经济圈，市场规模和潜力独一无二，沿线各国要积极推动贸易和投资便利化，尽快消除贸易壁垒、降低贸易和投资成本，改善当前中国与沿线国家贸易结构不合理和贸易不平衡的问题。

第四，加强金融合作。共同推进亚洲基础设施投资银行、金砖国家开发银行筹建，扩大沿线国家双边本币互换、结算的范围和规模。

最后，加强人文合作。传承和弘扬丝绸之路友好和平、友谊、合作、发展的精神，尊重各国的文化习俗，在保护文化多样性的前提下开展多层次的交流活动，推动教育、旅游、文化、卫生等领域的合作，增进相互了解和传统友谊，为开展合作凝聚人心，奠定坚实的民意基础。

第二节 "一带一路"建设的内涵解读

"一带一路"是"丝绸之路经济带"和"21世纪海上丝绸之路"的合称。"一带一路"倡议由中国国家主席习近平分别于2013年9月和2013年10月提出，其中"丝绸之路经济带"倡议将欧亚大陆上最活跃的东亚经济圈和西欧经济圈有机联通在一起，而"21世纪海上丝绸之路"从海上联通欧亚非三个大陆，与"丝绸之路经济带"倡议共同形成一个海上、陆地的闭环。"一带一路"倡议的实质是在古丝绸之路和古海上丝绸之路"和平合作、开放包容、互学互鉴、互利共赢"的精神指引之下，以现有的双多边合作机制和"一带一路"沿线不同区域既有的合作平台为基础，以和平发展为目标，通过沿线国家之间的贸易、金融、产业、文化合作，共同打造政治互信、经济融合、文化包容的利益共同体、命运共同体和责任共同体。

"一带一路"倡议的提出与发展，是中国领导人提出的响应时代号召、具有前瞻性的国际合作倡议，是邀请区域内沿线国家互利共赢的重要平台，是中国倡议、多国协作的国际公共产品，也是目前世界上最受欢迎的国际合作倡议。经过多年的发展，"一带一路"倡议已经形成了多方面丰富的内涵。

一、"一带一路"是务实合作平台，而非地缘政治工具

"一带一路"所秉持的精神是"和平合作、开放包容、互学互鉴、互利共赢"。在这样的精神指引下，"一带一路"的建设将凝聚相关国家的共识，加强相关国家的全方位、多层面的合作，发掘相关国家的发展潜力与比较优势，共同进步、

共同发展，形成相关国家紧密结合的利益共同体，并为共同推动"人类命运共同体"做出有益的尝试。因此，"一带一路"倡议的内涵首先就具有平等、和平的特征。平等是"一带一路"建设的基础，参与"一带一路"建设的各国之间没有等级之分，没有强弱之分，凭借基础禀赋为利益共同体贡献自身的能力。和平是"一带一路"建设的本质，参与各国不针对第三方，也不以地缘政治博弈作为建设手段，而是通过广泛的合作，搁置矛盾、共同发展，扩大利益交集，减少冲突。

二、"一带一路"是开放性合作倡议，而非封闭性的结盟体系

在全球化进程加速的当下，世界已经越来越深入地融合为一个整体，不同国家之间已经形成深刻的生产、贸易、资金分配和分工网络，封闭无法促进进步，只有开放才是共同进步的唯一道路。开放是"一带一路"的建设方向，相关国家在"一带一路"的框架下，在政治互信的前提下，通过实现交通、能源和网络等基础设施的互联互通，强化了沿线区域各国人民间的彼此信任和互相学习，更有力地推动了区域内经济资源的高效配置、市场深度开放以及经济要素自由有序流动，从而在"一带一路"国家间加快了开放、包容、均衡、普惠的区域经济一体化进程，为全球经济持续有序的发展做出贡献。

三、"一带一路"是现有国际合作机制的对接、补充和升级

"一带一路"建设是在现有的区域合作机制和相关国家发展战略的基础上，深化发展战略的对接，凭借不同的要素禀赋加快"一带一路"框架下相关国家的政治、贸易、经济和文化合作，提升区域内相关国家的经济发展能级，推动区域深度整合。因此"一带一路"的倡议拓展了现有合作机制的广度，促进了国际合作机制的纵深发展。

四、"一带一路"是对沿线国家创新能力的整合和提升

"一带一路"相关国家科技发展水平不一，科学研究的优势领域各有不同，对数字经济的发展能力和对创新创业的支持能力也有很大不同。世界科技发展的实践越来越表明，跨国科技合作和创新合作，将对人类科学技术进步起到巨大的推动作用。因此"一带一路"在科技研究上整合相关国家的科研机构、研究人员

和研究资源，有利于推动科技方面实现突破，以及以科学力量共同解决"一带一路"区域内相关国家共同关心的生态、气候、海洋、地质、防疫方面的问题。更重要的是，"一带一路"倡议整合沿线国家的创新创业资源，通过推动中国优势数字经济的产业组织经验出海，可以为创业者提供更大的空间。

五、"一带一路"是促进文明融合的平台

"一带一路"区域涵盖了不同民族、不同文化、不同宗教，"一带一路"的建设通过各文明间的交流互鉴推动文明之间的融合。历史上，"丝绸之路"就为各种不同文明提供了商品交流和文化交流的平台，不同地区的物种、商品和文化通过丝绸之路传递到更广泛的区域，中国的丝绸和茶叶远渡重洋获得了西亚和欧洲人民的热爱，而来自西亚的葡萄、胡萝卜等也在遥远的东方生根发芽。今天，不同文明之间的科学、教育、文化、卫生、艺术等领域的最新成就，也可以通过相关国际交流平台互相展示和学习。不同民族之间、不同文化之间，可以在"一带一路"纽带之下，分享彼此的优点，激荡出全新的人类文明融合的火花。"一带一路"建设以文明交流超越文明隔阂、文明互鉴超越文明冲突、文明共存超越文明优越，大大推动不同文明的直接融合。

第三节 "一带一路"建设的发展脉络

从2013年习近平主席提出"一带一路"倡议以来，"一带一路"经过中国和沿线国家的共同努力，从提出倡议、达成共识到深入建设，一路走来非常坚实。

一、提出倡议阶段：从2013年到2015年

2013年9月，中国国家主席习近平在访问中亚四国期间，在哈萨克斯坦纳扎尔巴耶夫大学的演讲中，首次提出了建设"丝绸之路经济带"的倡议，邀请"丝绸之路"的相关国家在政治、经济、文化等领域开展广泛合作。同年10月，习近平主席在访问东盟期间又提出了共建"21世纪海上丝绸之路"的战略构想，掀开了世界发展进程的新一页。

2013年11月，党的十八届三中全会通过了《中共中央关于全面深化改革若干重大问题的决定》，进一步明确提出："加快同周边国家和区域基础设施互联互通建设，推进丝绸之路经济带、海上丝绸之路建设，形成全方位开放新格局。"正式将"丝绸之路经济带"和"21世纪海上丝绸之路"结合称为"一带一路"倡议。

2014年12月，中央经济工作会议正式决定将"一带一路"建设作为中国国家三大战略之一。

2015年2月，"一带一路"建设工作领导小组正式成立，由国务院副总理张高丽担任组长，王沪宁、汪洋、杨晶和杨洁篪担任副组长。领导小组办公室设立在国家发展和改革委员会，下设综合组、丝绸之路组、海上丝绸之路组和对外合作组四个组。该领导小组作为"一带一路"顶层设计的国内领导和协调机制，为"一带一路"倡议提供了组织保障。

2015年3月，为推进实施"一带一路"，国家发展和改革委员会、外交部、商务部联合发布了《推动共建丝绸之路经济带和21世纪海上丝绸之路的愿景与行动》，为"一带一路"倡议的建设提出了明确的愿景和行动步骤。

二、达成共识阶段：从2015年到2016年

2015年5月，中国国家主席习近平开始对欧亚三国的访问，从而开启了"一带一路"实质推进的进程。

2016年3月，联合国安理会通过了推进"一带一路"倡议内容的第S/2274号决议。同年11月，联合国大会第A/71/9号决议明确提出，欢迎"一带一路"经济合作倡议，呼吁国际社会为"一带一路"倡议建设提供安全保障环境。该决议得到193个会员国的一致赞同，表明"一带一路"倡议获得了全球绝大多数国家的认可。

2016年，经过习近平主席和中国政府的推动，中国已与100多个国家、地区和国际组织完成战略对接，达成联合声明、双边协议/合作协议、合作备忘录/谅解备忘录、中长期发展规划和合作规划纲要等成果，初步与沿线国家达成了共建"一带一路"的广泛共识。

三、深入建设阶段：从 2016 年到 2018 年

从 2013 年习近平主席提出"一带一路"倡议以来，沿线国家之间在达成共识的基础上，推动了一系列战略对接，启动了一大批重大项目建设，国际合作渐次展开，有力推进了"一带一路"沿线国家的贸易、经济、文化合作。在战略对接方面，中国与 90 多个国家实现战略对接，并与不同区域的沿线国家共同制定了《大湄公河次区域交通战略 2030》《中亚区域经济合作铁路发展战略（2030）》《中国—东盟交通合作战略规划》等推动"一带一路"建设发展的跨国合作协议。在重大项目建设上，蒙内铁路、雅万铁路、中老铁路、中巴经济走廊两大公路、巴基斯坦瓜达尔港等一大批重大项目落地。"中欧班列"开行突破 9000 列，国际道路客货运输线路开通 356 条，增加国际航线 403 条，与沿线 43 个国家实现直航，每周约 4500 个直航航班。"一带一路"建设取得了大量的实质性进展。

2017 年 5 月，首届"一带一路"国际合作高峰论坛举办，29 位外国元首、政府首脑及联合国秘书长等 3 位重要国际组织负责人出席论坛，来自 130 多个国家的约 1500 名各界贵宾作为正式代表出席论坛。高峰论坛一方面总结"一带一路"建设的进展，展现重要早期收获成果，进一步凝聚了合作共识；另一方面共商下一阶段重要合作举措，进一步推动各方加强战略对接。"一带一路"国际合作高峰论坛为"一带一路"进一步深入建设打下了坚实的基础。

2018 年，加入"一带一路"合作的国家遍布亚洲、非洲、大洋洲、拉丁美洲，同时中国已与 25 个国家和地区达成了 17 个自贸协定，并与 28 个国家商谈 13 个新的自贸协定。一批综合效益好、带动作用大的项目完成建设，一大批项目陆续签约或开工，其中民生、文化领域项目比例越来越大。这一系列进展都标志着"一带一路"建设已经逐步进入深水区。

四、深化拓展阶段：2018 年以后

2018 年 8 月以后为"一带一路"建设的深化拓展期。在完成谋篇布局的"大写意"后，"一带一路"建设跨入精耕细作的"工笔画"阶段。在推进"一带一路"建设工作 5 周年座谈会上，习近平总书记强调今后要聚焦重点，精雕细琢，在项目建设、开拓市场、金融保障上下功夫，推动教育、科技、文化、体育、旅

游、卫生、考古等领域交流蓬勃开展。2019年4月习近平总书记将出席第二届"一带一路"高峰论坛开幕式发表主旨演讲，并全程主持领导人圆桌峰会。习近平总书记的重要讲话为深化"一带一路"建设指明了方向、提供了遵循，"一带一路"建设迎来高质量发展的新阶段。

第四节 "一带一路"建设的时代意义

一、对现有国际体系进行修正

（一）现有国际体系及弊端

现有国际经济秩序主要反映了以美英为首的发达国家的利益和要求，存在众多弊端。主要表现在：

一是发展问题未得到足够的重视，现在许多发展中国家的贫穷状况并未得到很大的改变，一些发展中国家的相对实力甚至处于不升反降的状况。当前发达国家在实现全球普遍、协调、均衡发展方面承担的责任显然不够。

二是多边贸易体制缺乏足够的开放、公平、公正。WTO的决策程序缺乏民主性，对发展中国家优惠和特殊待遇条款可操作性欠佳，发展中成员很难真正受益。目前，WTO多哈回合谈判陷入停滞，美国提出TPP（跨太平洋战略经济伙伴关系协定）战略和TIP（跨大西洋贸易与投资伙伴关系协定），意图重新建立一个取代WTO的世界经济规则。作为世界第二大经济体的中国，却尚未受邀加入TPP和TTIP谈判。

三是国际金融体系脆弱性日渐显现。首先，在现行的国际货币金融体系中，美元处于"一统天下"的地位。2008年国际经济危机表明这一货币金融体系使美国独享利益，但却由全球共担风险。其次，国际货币基金组织（IMF）、世界银行（WB）以及亚洲开发银行等国际金融机构的领导人基本来自欧美日等发达国家和地区。这些国际金融机构实质上沦为以美国为首的西方国家维护其经济霸权的工具。尽管在2010年4月和11月，WB和IMF分别通过了发达国家向发展中国家转移投票权的改革方案。现有的投票决策机制已经远远滞后于现有的国际经济分布格局；如 2014 年中国 GDP 规模是法国的近 4 倍[①]，但投票权却仍居第 6 位，仅有 3.81%，低于法国的 4.29%。

（二）中国对现有国际体系的修正

世界需要一个健全的国际金融体系，需要一个"公平、安全、非歧视和可预测"的多边贸易体系。在当今国际经济秩序存在明显不足和缺陷的情况下，"一带一路"作为一个经济、社会领域的倡议，其提出具有重要的时代意义。

首先，有利于引领和帮助新兴市场国家和第三世界国家参与建设国际经济新秩序。随着发展中国家经济实力和国际影响力的不断提升，西方国家迟迟不愿重新审视国际经济与金融领域的平等和公正问题。然而，发展中国家发展需要大量的建设资金，光靠国际金融机构无法完全满足资金需求。在这种背景下，中国提出"一带一路"规划，筹备成立亚洲基础设施投资银行和金砖银行，为发展中国家金融合作提供了重要契机，有利于引领和帮助新兴市场国家和第三世界国家参与建设国际经济新秩序。

第二，"一带一路"倡议是实现中国企业"走出去"、人民币国际化、应对 TPP 和 TTIP 的非均衡挑战等重大内政外交战略的重要步骤。

第三，有利于推动国际体系朝着更加公正合理的方向发展，为世界和平稳定提供制度保障。当今世界，新兴市场国家和发展中国家整体实力增强，全球合作向多层次全方位拓展，国际多边体系面临扩大代表性、提升公正性、增强实效性的重要任务。包括中国在内的发展中国家纷纷呼吁携手应对新形势，共同制定新规则，推动国际体系朝着更加公正合理的方向发展，为世界和平稳定提供制度保障。"一带一路"倡议正提供了这一契机。

第四，有利于夯实世界经济长期稳定发展的基础。中国不仅要通过"一带一路"等途径打造中国经济和对外开放的升级版，而且还要不断拓展同世界各国特别是周边国家的互利合作。通过"一带一路"建设共同分享中国改革发展红利、中国发展的经验和教训，推动沿线国家间实现合作与对话，建立更加平等均衡的新型全球发展伙伴关系，有利于夯实世界经济长期稳定发展的基础。

以中国为首的新兴国家的群体性崛起成为当今国际关系最显著的事实之一，也是当前国际格局变化最大的自变量。中国崛起所引发的最大的担忧是崛起国与

[①] 快易理财网，http://www.kylc.com/stats/global/yearly/g_gdp/2014.html.

守成国会不会陷入"修昔底德陷阱"？西方国家的答案显而易见，他们认为中国的崛起一定会改变西方国家所主导的国际秩序。因此，无论是奥巴马政府的"亚太再平衡战略"，还是特朗普政府的"印太战略"都充满了对中国的防范与遏制意图。西方国家还散播对中国不利的言论，造成中国周边国家甚至广大亚非拉国家对中国的发展充满担忧。此外，从国内层面来看，经济供给侧结构性改革迫在眉睫，中国需要以更大的开放作为倒逼国内深层次的改革。在此背景之下，"一带一路"应运而生。中国领导人发出"一带一路"倡议，其出发点是完善当前国际治理体系，倡导用"人类命运共同体"代替"零和博弈"的对立思维，打造一个和平发展、合作共赢的世界，倡导"共商、共建、共享"的原则，打破西方崛起依靠殖民掠夺、武力压迫的历史规律。简而言之，"一带一路"倡议有其深刻的国际、国内背景，体现了东方智慧对完善当前国际治理体系的贡献，具有极强的现实意义和深远的历史意义。

二、推动新时代下和平发展的新型国际关系

当前，人类社会发展已经进入一个新的历史时期。一方面现实情况是世界上挑战频发，世界经济增长缺乏新动力，国家间、地区间发展不平衡持续加剧，而地区热点安全问题持续动荡，全人类正面临着严峻的挑战；另一方面，随着世界多极化、经济全球化、社会信息化、文化多样化的深入发展，各国之间的联系愈加紧密，世界人民对美好生活的向往从未如此强烈。在这样的传统挑战与发展希望并存的新时期，全球治理平台亟须改革，治理模式亟待创新，而"一带一路"正是顺应时代需求，解决时代问题的方案。

通过"一带一路"的持续建设，可以清楚地看到新型国际关系正在不断形成。尊重彼此主权、尊严、领土完整，尊重彼此发展道路和社会制度，尊重彼此核心利益和重大关切，正逐步取代意识形态划界成为国际上共处的共识。通过对话、磋商和妥协最小化甚至消弭彼此之间的矛盾，正逐步取代零和博弈思维，成为国际冲突管理的主流方式。通过平等国际合作协议和跨国协作机制的伙伴关系来共同发展，正逐步取代结盟对抗体制，成为国家和地区间国际关系的主导模式。可以说，中国和"一带一路"沿线国家坚定地以"一带一路"为实践平台，不断改善全球治理体系。

回顾这些年来"一带一路"的建设过程，沿线国家不断从构建"人类命运共同体"的目标出发，秉持共商共建、共享的原则，提出了一系列推动国家间和地区间形成对话不对抗、结伴不结盟的伙伴关系的倡议。这些倡议通过中国与"一带一路"沿线国家的共同努力，正在一步步落实成为推动国家间、区域间和次区域间开放合作的成果。这些成果的持续落地，从三个方面推动了新时期下和平发展的新型国际关系的建立与完善。

（一）坚定了和平共存的发展道路

共建"一带一路"之所以得到广泛支持，反映了各国特别是广大发展中国家对促和平、谋发展的愿望。在"一带一路"建设工作5周年座谈会上，习近平总书记非常准确地将"一带一路"描述为一条以和平发展为主题的道路。

当今时代，和平不分种族、国籍和性别，是不同价值观的所有人类的共同诉求。但是我们所面临的时代，却是一个充满变革和动荡的时代。既有国与国之间的经济和贸易竞争，又有基于不同信仰和理念的思潮之争，同时又存在对资源控制权的争夺。争端、冲突、战争等都在威胁着和平。面对复杂的外部环境，中国在推动"一带一路"建设的过程中，将追求和平发展、和平共存作为最高指导原则，并在"一带一路"的推动过程中着力构建开放平等、经济发展、共同进步和文明互鉴的国际交往新格局。

当今，全球冲突的首要根源在于资源和能力的不平衡造成各国、各区域在进行国际贸易和国际投资过程中的分配不平等。因此在"一带一路"的推动过程中，中国和沿线国家一直在着力构建以开放和合作为基调的贸易投资网络，提升在各国的贸易便利性和投资便利性，以逐步拆除横亘在发达国家和发展中国家之间的资源高墙。在贸易方面，沿线国家正在逐步建立起以多边对话为基础的公平贸易网络；在投资方面，沿线国家通过创新融资模式和创新的投资渠道，让发展中国家也获得平等的贸易与投资机会。

全球冲突的次要根源在于发展的巨大不平衡，发展的不平衡往往造成发展中国家在跨国产业分工中陷入"低端锁定"的困境。但是在"一带一路"的建设过程中，中国和沿线国家本着平等的合作理念，以战略对接作为共同发展的出发点，依据所在国的基础禀赋情况有针对地促进投资，激发现有产业的升级，使所在国向更高端的产业或产业端攀升，从而让发展中国家和发达国家都能不断在"一带一路"的平台上获得经济的量和质同频发展。

人类正处于第四次科技革命的前夕，各项新科技正在快速地改变着人类的生产、生活和交往方式。但是对于广大发展中国家来说，投入巨资单独进行科技研究，显然无能为力。如果任由这种情况继续存在，不同国家和民族之间的科技差距就会越拉越大，继而产生更多冲突。在"一带一路"建设过程中，通过构建跨国科技合作、数字经济共同发展和智慧产业协同等路径，让沿线国家从更高起点参与到人类科技进步的前沿领域，并借助"一带一路"平台推动了高科技产业在各国落地，从而有效地减少了科技鸿沟所带来的代差负担。

全球冲突的另一个重要根源在于对不同文化不了解，或者是基于文化歧视所带来的意识层面的冲突。在"一带一路"建设的过程中，中国本着文化共存、文化互鉴的理念，一方面强化不同文化之间的平等交流，运用各层次、各领域的多元交流方式，增进文化间理解，另一方面在高质量的沟通基础上，开展在社会、环境保护等方面的合作，通过合作来互相借鉴，拉近不同文化之间的心理距离。

总之，"一带一路"建设的实质，并不是一个地缘政治平台，也不是排他性的政治安排，而是一个致力于从贸易、投资、经济建设、科技发展、文明共存等方面的努力着手，务实推动全球和平进展的开放性倡议。

（二）构建了覆盖全球的伙伴网络

多年来，"一带一路"建设从无到有，走出了一条和传统国际关系不同的道路，即不设前提条件，不追求统一的制度安排，不寻求排他性利益。"一带一路"倡议所具备的这种开放性和包容性特质，充分体现在求同存异的战略对接合作模式中。这种合作模式让各个国家和地区在保持各自发展方向的前提下，资源得到更高效利用，冲突得到最大化谅解，经济得到更均衡发展。"一带一路"倡议的对接工作在互利合作的方针指引下，发展速度逐渐加快，参与主体越来越多、越来越丰富，影响力也越来越大，已经取得了丰硕成果。

在国家与国家战略对接层面，截至2018年9月，中国已经与105个国家签署了123份关于"一带一路"的合作文件[①]，其影响力不仅止于"一带一路"沿线

---

① 中国一带一路网，http://www.yidaiyilu.gov.cn/xwzx/gnxw/66324.htm.

国家，还覆盖了非洲、拉丁美洲和大洋洲的多个国家和地区。其中"一带一路"与俄罗斯的"欧亚经济联盟"、哈萨克斯坦的"光明之路"、土耳其的"中间走廊"、蒙古国的"草原之路"、越南的"两廊一圈"、波兰的"琥珀之路"等战略对接工作由于开展较早，已经从战略对接推进到政策对接、项目对接。相关的合作项目都已经进入了规划甚至落实阶段，为沿线国家的经济发展、产业升级和居民就业等方面创造了更多机会。

在"一带一路"与区域合作组织的战略对接方面，也取得了巨大进展。亚太经合组织、欧亚经济联盟、上海合作组织、东盟、欧盟等都将其发展规划和投资计划与"一带一路"进行了对接。其中东盟与"一带一路"的对接最为紧密。2018年，中国与东盟达成了《中国—东盟战略伙伴关系2030年愿景》，其中明确提出，提升中国—东盟战略伙伴关系，对接《东盟互联互通总体规划2025》与中方"一带一路"倡议共同的重点领域，努力以互利共赢方式促进区域各国互联互通战略的对接。在"一带一路"框架下，中国—东盟之间以政治安全合作、经济合作、人文交流为三大支柱，形成涵盖政治、经济、文化、贸易等多领域的战略对接框架。双方的合作层次上了一个新台阶。

在"一带一路"与国际组织的对接方面，截至2017年"一带一路"峰会，中国已经和联合国开发计划署、联合国贸易与发展会议、联合国工业发展组织、世界卫生组织、联合国人类住区规划署、世界知识产权组织等29个国际组织签署了26份"一带一路"相关合作文件，"一带一路"与国际组织的对接正在有条不紊地展开。

截至2022年12月7日，中国已与150个国家、32个国际组织签署200余份共建"一带一路"合作文件。

（三）树立了共建共享的安全格局

在传统国际关系的理论框架内，"安全"是每个民族国家管理中最重要的目标。为了获得国家安全，几乎所有国家都在根据对自己国家存亡的影响因素和政府的执政导向，树立各自的安全观。然而纵观全球各国的安全观对各国政策所产生的影响，由于各国安全观的不同，直接导致了世界上各种冲突的产生和激化。有些发达国家的安全观追求的是自身的绝对安全，为此，其国际政策会不惜损害他国的利益,而有些国家的安全观重视自身的发展,因此会不惜让渡一部分利益来换取发展的机会。在人类资源有限的大背景下,不同国家的安全观很可能带来更多潜在冲突。

当前,世界各国已经在不同程度上卷入全球一体化的浪潮中。各国人民所面临的安全威胁已经越来越趋同,所有风险互相影响,每个国家很难在席卷全球的各种威胁面前独善其身。今天,我们人类所面临的共同威胁除了传统的局部战争、地区热点冲突等,还包括了南北差异所造成的不平等、国际恐怖主义势力可能的滋生蔓延,而更重要的是在非传统安全领域的各种威胁正在悄然而持续地在所有国家间增长——环境污染、全球气候变暖、跨国犯罪、严重传染性疾病扩散等都早已跨越国境,成为全球各国必须共同面对的问题。这些超越国界的传统和非传统安全问题,并不是一个国家扎紧篱笆就能解决的,而是需要协调各国的力量共同参与、共同解决。传统的"以邻为壑"型安全观或者结盟对抗型安全观,已经无法适应新时代的需求,而需要国际社会采用新的思路来面对新时代的各种安全威胁。

面对全新的全球性安全挑战,中国在"一带一路"进程中倡导国际合作、携手治理的安全观,经过多年的实践,初步走出了一条共建、共享、共赢的安全道路。首先,在指导思想上,这种新安全观摒弃了冷战时代以对抗求安全的思想。中国不主张国家一定要将其他国家视为对手,而是主张超越意识形态和社会制度,超越利益纷争和历史恩怨,从寻找双方或多方利益契合点出发,通过合作寻求共同利益最大化,通过合作解决潜在冲突。中国所提出的"六大经济走廊构想",正是在亚洲、欧洲和非洲的各个区域内找到求同存异的基础。

其次,在行动上,这种新安全观格外强调平等合作而不是实力对抗解决问题。这种行动的核心内容是寻找"协作"切入点,就是以和平谈判的方式扩大双方的共同点,缩小双方的分歧点,并在彼此共同关心的领域展开逐步深入的合作。在"一带一路"的建设过程中,中国和沿线国家创新性地综合运用了多种合作机制来消弭分歧、强化共识,比如包括多边安全机制、多边安全对话、双边安全磋商、非官方安全对话等。比如在"新亚欧大陆桥"经济走廊的欧洲部分,中国和中东欧国家之间就形成了年度"16+1"领导人会晤机制,每年总结成果、展望未来,一步一个脚印来协调各方立场,创造更多利益契合点。这种新安全观致力于将合作制度化、规范化，同时由于其不针对某个对手，谈利益而缩小差异，没有严格的盟约限制，因此构建了一种开放性的安全伙伴架构。

最后也是最重要的，这种新安全观在发展方向上，与构建"人类命运共同体"理念一脉相承，其未来的发展方向是通过人类社会的广泛合作，最终达成不同种族、不同国家、不同文明和不同区域的平衡协调发展，将本要用于对抗的资源转而用于共同发展。这使得新安全观超越了单纯的国家关系互动，涵盖国家与人民的综合安全利益。为了推动这种新安全观在全人类中的共识和认可，中国在开展"一带一路"建设的同时，不仅关心沿线国家的发展与共赢，同时也在用自己国家的力量为国际社会的共同安全问题做出贡献。比如中国积极参与联合国维和行动，目前派出维和人员数量全球第一，贡献的维和经费全球第二。此外在应对全球变暖问题上，中国为广大发展中国家仗义执言，充分展现了负责任大国的担当。

三、构建新秩序下开放合作的多边共赢体系

我们要打造开放型合作平台，维护和发展开放型世界经济，共同创造有利于开放发展的环境，推动构建公正、合理、透明的国际经贸投资规则体系，促进生产要素有序流动、资源高效配置、市场深度融合。我们欢迎各国结合自身国情，积极发展开放型经济，参与全球治理和公共产品供给，携手构建广泛的利益共同体。习近平主席在"一带一路"国际合作高峰论坛上明确指出，未来国际合作中，开放才是建设"人类命运共同体"的先决条件。而要如何构建开放合作的新秩序，"一带一路"建设给出了全新答案：通过多边协商、多边机制和多边融资等手段，构建新的国际经贸投资规则。为此，沿线国家构建了多种多边合作体系，并且取得了一定的成效，多边体系的优势尽显无遗。

首先，以多边对话协商解决贸易和投资争端的方式，充分向国际社会展现了中国所倡导的"一带一路"共商共建、共享原则，同时解决了沿线众多国家所担忧的平等合作问题，也为沿线国家及其他国家积极参与"一带一路"建设增添信心。

其次，多边外交、多边框架是一种开放性的安排，在多方参与的情况下，中小国家也有发出自己声音、表达自己的诉求、主导某些议题的机会。因此在多边框架下，中小国家愿意更加积极地参与到协商中来。"一带一路"倡议提出以来，

中国和沿线国家共同建立了各个经济走廊定期对话等多边平台，同时中国与沿线国家签署了多项区域性和双边性的合作协定，有力地推进了"一带一路"的建设进程。如果"一带一路"的建设仍旧采用多边合作作为合作平台，无疑会增加中小国家参与"一带一路"的热情，减少"一带一路"建设的阻力。

最后，基于多边框架所形成的制度性合作有助于大幅降低国际磋商的成本。今天在国际合作过程中，最大的成本无疑是国家间的互相怀疑，以及由互相怀疑所带来的政策对冲。在"一带一路"的建设过程中，需要构建公平和共赢的贸易、投资规则，在这样的背景下，更需要降低彼此的怀疑，让资本、技术和人才流动能有更高的便利性。因此通过多边框架对推动"一带一路"的建设非常有帮助。

过去这些年，"一带一路"在推进过程中，从三个方面推动了开放合作的多边共赢体系。

（一）完善多边对话的合作机制

经过40多年的改革开放，中国与很多国家和地区建立了比较健全有效的双多边合作机制，在"一带一路"建设中充分发挥了这些多边合作机制的作用并对其进行改进，使之与"一带一路"建设相契合，既可以避免不必要的机制竞争，也可以降低建立新合作机制的成本。

1. "一带一路"国际合作高峰论坛凝聚沿线国家共识

国际合作高峰论坛是"一带一路"框架下最高规格的国际活动，也是由中国首倡和主办的层级最高、规模最大的多边外交活动。两年举办一次的国际合作高峰论坛通过聚集沿线国家的集体意见，协调各方观点，将合作共赢理念贯彻到重大政策、重大工程、重大项目中，落实到基础设施、贸易、投资、产业、金融等各领域的合作中。在整个过程中，不仅让沿线各国达到充分沟通、互通有无的效果，更重要的是在合作论坛上凝聚沿线国家共识，从政府层面着力推动"一带一路"建设深入发展。

2. 形成了六大经济走廊的多边对话机制

"一带一路"建设过程中，基于六大经济走廊的经贸投资便利化需求，中国和沿线国家从历史关系出发，分别建立了协调不同区域的多边对话机制，对整体上推动"一带一路"的各个区域一体化进程发挥了重大作用。

为了更好地推进"一带一路"建设，中国和沿线国家创造性地开拓了很多多边和双边对话合作机制，并在这些机制的推动之下，产出了诸多成果。其中中国—东盟"10+1"机制已经在中国—东盟自由贸易区基础上完成了升级谈判，并且共同推动区域全面经济伙伴关系协定的进展，中国—海合会战略对话已经逐步明确了双方在"一带一路"推进中的战略对接方向，中国—中东欧16国之间的"16+1"领导人定期会晤机制正在稳步推进"一带一路"在中东欧的建设……"一带一路"沿线国家所构建或参与的多种双边或多边对话机制，正在逐步推动"一带一路"向更开放的方向前进。

在东南亚区域，中国—东盟"10+1"的合作机制始于1997年。最初双方（中国与东盟十国）以经济合作为切入点，通过"10+1"对话机制，不断加强协调，在贸易方面取得了实实在在的成绩。同时，多年来，中国—东盟合作已经实现了质的飞跃，双方合作已经不仅仅在经济贸易方面，还包括政治、安全、社会、人文方面的交流与合作，今后双方的沟通将向更深层次的智慧城市、数字经济、人工智能、"互联网+"等高科技和产业合作领域继续推进，给区域内20多亿人带来实实在在的利益。

在中亚地区，中国与中亚五国基于上海合作组织（以下简称上合组织）形成了经济对话平台。上合组织成立于2001年6月15日，最初是为了加强中国、俄罗斯与中亚地区各国家的政治和军事互信，后来讨论范围逐渐扩大，也因此，成员国将上合组织正式改组成常设性国际组织。上合组织从建立之初在政治、军事方面的合作扩展到今天的经济、能源、科技、文化、交通、教育、环保等多领域合作。自2015年乌法峰会开始，上合组织每年均会在元首宣言中明确表示支持"一带一路"建设。2014年，上合组织成员国之间协商签署了《上海合作组织成员国政府间国际道路运输便利化协定》，为"一带一路"中亚地区的基础设施互联互通扫清了政治障碍。基于上合组织平台，中国和俄罗斯达成了"一带一路"与"欧亚联盟"的战略对接，中国和哈萨克斯坦达成了"一带一路"与"光明之路"战略的对接，中国与乌兹别克斯坦实现了"一带一路"与"2017—2021年五大优先发展方向行动战略"对接。

在中东欧，基于《中国—中东欧国家合作布加勒斯特纲要》等一系列文件，形成了中国与中东欧16国"16+1"的定期对话机制。2018年举行的第七次中国—

中东欧国家领导人会晤，参会者已经从中国总理和中东欧16国领导人，扩展到欧盟、欧洲复兴开发银行等观察员，说明"16+1"已经切切实实地改变了中东欧国家的发展轨迹。正如中东欧领导者在会上所表述的，"一带一路"建设给所在国带来了清晰可见的成就：塞尔维亚总理布尔纳比奇表示，塞方在"16+1合作"框架下收获了很多项目，不仅有利于塞尔维亚自身，也有利于推动整个区域合作和互联互通，有利于欧洲和欧盟。拉脱维亚总理库钦斯基斯提出，"16+1合作"是一个非常成功的机制，我很高兴看到我们的合作越来越有活力，区域互联互通进一步得到加强。黑山总理马尔科维奇表示，黑山在这一多边合作机制的框架下，收获了包括公路、水电站和基础设施建设等诸多项目，不仅推动了经济发展，而且改善了民生，希望进一步推动本地区交通的互联互通。

而其他的合作机制，包括南亚区域的基于南亚区域合作联盟框架下中国与南亚国家的定期对话机制，中国与海合会等组织所形成的对话协调机制也正在不断深化。值得一提的是，这些对话协调机制都秉持了灵活开放的思维，不断接纳域外国家以观察员等身份参与对话会谈。

（二）构建稳定持续的金融体系

金融是现代经济的动力来源，优质而顺畅的金融服务体系，会为一个国家乃至一个区域的经济发展带来快速而有力的发展源泉。在"一带一路"的建设中，本着合作共赢的理念，中国和沿线国家一道，为沿线的各个国家搭建了以多边融资为特征的金融体系。在这个金融体系中，中国和多边国家充分运用了创新的投融资工具，创设了数个为"一带一路"沿线国家尤其是发展中国家在贸易、建设、产业发展等各个领域服务的金融平台，并基于这些平台，形成了服务于各个区域的多边金融市场。

在"一带一路"沿线国家和参与到"一带一路"国家和国际组织的共同努力之下，"一带一路"建设的多边金融服务体系有效克服了相关项目投资规模大、周期长、涉及币种多样等难题，构建了多元化金融体系。

1. 推动了多边金融市场体系形成

（1）多边银行信贷体系逐步形成

在"一带一路"建设过程中，中资银行显然是最主要的力量。截至2022年底，国家开发银行对"一带一路"沿线国家累计发放贷款超过1600亿美元，重点支持了基础设施互联互通、产能合作、能源资源、社会民生等领域。截至2018年第一季度，中国进出口银行为"一带一路"提供贷款超过8300亿元，贷款项目超过了1500个，占该行贷款余额总额的28%。[①]2018年11月2日，中国银保监会副主席黄洪在中新（重庆）战略性互联互通示范项目金融峰会上表示，中资银行参与"一带一路"建设项目2600多个，累计发放贷款2000多亿美元，涉及交通、基础设施、装备出口等多个领域。[②]多年来，共有11家中资银行在27个"一带一路"沿线国家设立了71家一级分支机构，为保障"一带一路"的投资便利化和贸易便利化创造了有利条件（表1-4-1）。

表1-4-1　中资银行"一带一路"沿线机构布局情况（截至2017年）

中资银行机构	覆盖沿线国家数量	机构数量	机构类型
国家开发银行	3	3	代表处
中国进出口银行	1	1	代表处
中国银行	23	24	分行14家，子行6家，代表处4家
中国工商银行	20	21	分行14家，子行6家，代表处1家
中国建设银行	6	6	分行3家，子行3家
中国农业银行	4	6	分行4家，子行1家，代表处1家
中国交通银行	2	2	分行
浦东发展银行	1	1	分行
招商银行	1	1	分行
中信银行	2	2	分行1家，控股子行1家

资料来源：微信公众号"央行观察"。

与此同时，其他国家的银行机构也踊跃加入为"一带一路"提供贷款支持的建设中。汇丰银行已经为超过35个"一带一路"沿线国家和地区提供贷款服务，支持项目超过100个，渣打集团也在积极参与"一带一路"的贷款市场，并牵头组建联合银团以银团贷款的方式为"一带一路"重大项目提供贷款服务。21个"一带一路"沿线国家的55家银行在华设立了分支机构。

近年来，外资银行不断探索为"一带一路"建设提供更深入全面的金融服务。以南洋商业银行为例，随着"一带一路"的发展，各个投资项目不断落地展开，所需要的战略咨询、资金融资以及流动性管理等综合性的金融服务需求呈现供不

---

① 中国一带一路网，https://www.yidaiyiLu.gov.cn/xwzx/roll/58225.htm。
② 中国金融新闻网，https://www.financialnews.com.cn/jg/dt/201811/t20181103_148742.html。

应求的状况。正是看准了"一带一路"的市场前景，南洋商业银行凭借在香港开展多年的综合性银行信贷和融资服务能力，创新金融服务模式支持"一带一路"建设。近年来，南洋商业银行已累计为"一带一路"建设项目和企业提供了超过100亿元人民币的贷款。其中南洋商业银行参与了全球新能源和清洁能源行业的著名企业协鑫集团一系列"一带一路"重点项目，包括组件生产、光伏电站建设、热电联产项目，其业务内容涵盖了账户结算、外汇结汇、内保外贷、国际质量保函、专项产业基金等多领域的创新金融支持。

此外，中资银行与海外银行之间的跨行合作也开展得如火如荼，比如中国工商银行与美国摩根大通银行达成了在支付结算、现金管理等多个方面的合作协议。2016年中国以非借款国身份正式加入欧洲复兴开发银行，中资企业和金融机构，从此可以通过欧洲复兴开发银行，在全球范围内获得贷款、金融服务等支持，从而为"一带一路"在欧盟成员国范围内的建设铺平了道路，也使得中欧银行间的金融合作不断升级。同时"一带一路"的有关国家银行之间正在尝试将银行间合作机制制度化、常态化。由中国工商银行推动的"一带一路"银行间常态化合作机制，其成员单位已经拓展到了53家，在制度层面，多方已经在双边本币融资、项目投融资合作、全球资产交易等9个领域取得共识（表1-4-2）。

表1-4-2　中国工商银行推动的"一带一路"银行间常态化合作机制成果

合作成果	成果内涵
确定合作机制三年规划	中国工商银行牵头制定《"一带一路"银行间常态化合作机制三年规划》，促进成员银行加强业务协作、信息共享，推动常态化合作机制向纵深发展，让成员银行共同推动"一带一路"健康发展
推动银行间开放交流	举办"一带一路"金融合作与中国金融市场开放论坛，协助举办"绿色金融国际研讨会"，推动了成员银行间的信息交流和业务交流
巩固银行间务实合作	初步搭建"银行间跨境信用融资信息交流平台"，便利了成员银行进行项目互荐和融资合作，截至2018年，该平台对接了20多个境外融资项目，总金额超过25亿美元
搭建全球资产交易平台	建设了完善的全球资产交易体系，实现成员银行间的精准资产交易，提升"一带一路"银行的本地化、集约化经营水平，为"一带一路"融资水平提升做出贡献
落实人民币海外基金业务	与成员银行间共同推进人民币海外基金业务，制定了人民币海外基金业务的相关制度框架和业务规范，进一步推进人民币国际化

资料来源：根据人民网资料整理。

（2）多边保险体系为"一带一路"建设提供保障

"一带一路"倡议提出以来，各项重大项目不断开工建设，巨额投资就会带来巨大的风险，如何降低投资风险，保障"一带一路"的各种建设项目投资、产业园区投资顺利进行，降低经营过程中和贸易进程中的风险，为"一带一路"沿线国家的保险公司提供了巨大的市场机遇。事实上，"一带一路"建设也面临着诸多风险。首先，从地缘政治角度看，"一带一路"建设沿线普遍处于地缘政治复杂的环境，是大国博弈的热点地区。其次，从文化角度看，"一带一路"所处的地区自古就是多文明、多宗教、多民族交汇地区，民族、宗教、领土、资源等综合性矛盾交织在一起，复杂的国家间和国家内问题会造成巨大风险。最后，从经济发达程度看，"一带一路"沿线国家发展不平衡，有众多发展中国家，其法治化进程、金融监管能力、管理体系和人力资源体系等不健全，对投资和经营也会造成一定的风险。但是纵观整个"一带一路"，许多沿线国家保险密度不足100美元、保险深度不足1%，处于保险业的起步发展阶段。

在这样的大背景下，多边保险机制的作用就显得非常重要。因此中国和沿线国家在制度层面上强化了多边保险监管和保险机构合作，中国保监会和保险机构积极拓展与国外保险机构间的合作。2016年，中欧双方签署了《中国保险监督管理委员会与欧洲保险和职业养老金管理局谅解备忘录》，确定了中欧保险监管机构之间的常态化合作机制，在中欧之间建构了初步的多边保险机构合作平台。在此基础上，多边保险体系逐步建构起来。如2018年成立的"新加坡'一带一路'保险联合体"，该联合体汇集新加坡本土、外资、中资保险公司，以及再保险公司、经纪公司，致力于为"一带一路"的各种类型项目提供优质承保服务、风险保障和管理服务。其首先开展的业务聚焦工程险、货物与责任险，由中国再保险集团新加坡分部担任管理机构。这些多边保险机制的形成，也在很大程度上支援了"一带一路"多边保险机制的建立。

而在"一带一路"的建设过程中，中国也充分发挥了多边合作的优势，逐步从出口信用保险、财产保险等多方面构建起多边保险市场体系（表1-4-3）。

表 1-4-3 "一带一路"建设中保险公司的保障领域

服务领域	覆盖险种	保障领域	保障范围	典型公司
出口信用保险	中长期出口信保、短期出口信保、海外投资保险	交通运输、石油装备、电力工程、房屋建设、通信设备	汇兑限制、政治暴乱、企业与银行破产、买方拖欠	中国出口信用保险公司
财产保险	企业财产保险、工程保险、能源险、各类责任保险、货物运输保险	装备、交通、能源、通信	重大技术装备综合保险	平安财产保险、中国太平保险公司、中国人民保险
投资保险	货币汇率动荡、政府无偿征用、政府违约、政权更迭	重大项目建设、高端产能合作	海外投资保险	多边投资担保机构（MIGA）、中国出口信用保险公司
人身险	务工人员意外伤害险、境外工作人员人身保险紧急医疗运送和运返、境外紧急救援、恐怖袭击、战争暴动或武装叛乱等附加险	重大项目建设、海外产业投资，进出口经营	出国人员安全救援、危机解救、意外伤害、绑架勒索、职业责任	中国人民保险、中国再保险集团、平安财产保险、苏黎世保险
再保险	再保险	所有"一带一路"合作领域	再保险	中国再保险集团

资料来源：根据中国信用保险公司、平安保险网、中国人保网及中再集团网的公开资料进行整理。

①出口信用保险支持贸易繁荣。

目前中国唯一的出口信用保险机构——中国出口信用保险公司（以下简称中国信保）正在不断通过国际多边合作平台，强化多边出口信保合作，包括加强同金砖国家出口信用保险机构（Export Credit Agency，ECA）的合作。2014年中国信保与之签署了《金砖国家出口信用保险机构合作谅解备忘录》，2016年正式确立了"金砖国家ECA论坛"机制，将中国信保与金砖国家ECA的合作机制化，2017年中国信保承办了"第三届金砖国家出口信用保险机构负责人会议"，在会上，双方达成进一步拓宽与金砖国家ECA合作渠道的共识。与此同时，中国信保自"一带一路"倡议提出后，就开始深度参与全球最大的信用保险协会——伯尔尼协会的机制中，在伯尔尼协会平台下，中国信保已经与同属该协会的"一带一路"沿线20个国家的同业机构签署了22份合作文件，大大提高了中国信保对"一带一路"出口信用保险的地位和作用。近年来，中国信保为"一带一路"的建设提供了巨大的保险支持。

②财产保险保障重大工程开展。

"一带一路"建设中不仅有大量重大项目建设，同时也有众多企业积极投资到沿线国家，巨量的投资也带来了巨大的财产保险需求。但是沿线众多发展中国家的保险服务能力却严重不足，这就需要引入多边保险体系，加入对"一带一路"重大项目的财产保险服务中。中资保险公司在其中扮演了重要的角色。在技术装备保险方面，中国人保财险公司、中国财产再保险公司、平安财险等国内保险机构共同组建首台（套）重大技术装备保险共保体，承保范围包括装备修理、更换、退货等使用过程中可能发生的问题，以及对第三方造成损失的责任，为"中国制造"高端重大技术装备进入"一带一路"建设市场保驾护航。在该险种的支持保障下，宏华的海洋钻机设备顺利落户阿联酋，中车的高铁、动车组远销马来西亚、南非、塞尔维亚，等等。中国太平的财产保险子公司创新保险产品和服务，为"一带一路"重大项目提供广泛的财产保险服务，产品覆盖了财产险、工程险、能源险、货运险、船舶险、公共责任险、雇主责任险、恐怖责任险等，承保范围涵盖铁路、公路、港口、电力、石油、通信等几乎所有重大基础设施建设领域。2015年以来，太平财险承保了近100个财产险、建安工程险、公众责任险项目。2022年11月15日，第六次中国"一带一路"共同体成员大会在京成功召开，在23家成员单位的共同见证下，太平财险升格为中国"一带一路"再保险共同体理事单位，成为5家理事公司之一。外资保险企业也积极进入"一带一路"市场，其中苏黎世保险凭借其拥有的全球承保网络和专业团队，积极进军大型跨国项目及有特殊风险市场，在工程险、航运险、责任险等保险领域表现不俗。

③投资保险降低了投资项目风险。

"一带一路"市场的复杂环境让投资和贷款的风险已经不仅止于常规的商业风险，货币汇率动荡、政府无偿征用、政府违约、政权更迭等传统的非商业性的风险因素也成为保险需要涉及的重要投保范围。尤其在"一带一路"建设中非常重要的基础设施建设投资方面，由于周期长、投资额大，而导致潜在的非商业风险发生的可能性更高。由此，投资保险机制应运而生。目前在"一带一路"建设中，中国和沿线国家比较依赖成立于1988年的"多边投资担保机构（MIGA）"进行多边投资风险保障。目前，"一带一路"沿线国家中，除文莱、缅甸、巴勒斯坦之外，其他都是该机构会员国。

④人身保险为境外工作人员提供保障。

"一带一路"在推动大量重大项目落地沿线国家的同时，也让越来越多的中国管理者、工人、留学生、游客走出国门，在异国他乡开展各种贸易、工程建设、投资活动、产能建设、学习和旅行等活动，这些人员在国外复杂的工作环境下面临着疾病、战乱武装袭击等各种风险，都需要保险给予相应的保障。在这方面，中国保险公司创新性地采用了"保险＋安保"的服务模式，将保险保障与安保救援服务捆绑在一起，从而为国人的海外活动提供了更切实的保障。中再集团与中安保、北京华信中安保安等五家安保企业组成的中国安保共同体合作，设计了"海外急难救助"保险产品，为参与"一带一路"建设的中国企业职工提供了更专业的安全保障。此外，中国人保也针对境外工作人员、出境旅游人员、商务人员及海外留学生开发了丰富的产品体系，截至2017年累计为中国境外工作人员提供意外健康险及相关附加风险保障金额4400亿元，为出境游客、海外留学生等提供各类风险保障8.7万亿元。平安财险特别针对"走出去""一带一路"面临的海外安全风险，研发、推出为海外人员提供安全救援、危机解救服务的高端团体意外伤害保险、绑架勒索保险，为海外人员平安回家保驾护航，以及为转移中资企业海外并购风险而设计的分手费保险、并购买方损失补偿及卖方责任保险，为转嫁海外工程项目设计、施工风险设计的单个工程职业责任保险，同时还包括一些企财险、工程险等传统产品，为"走出去"的中资企业和人员提供专业化、标准化、全方位的综合保险保障及高端的保险服务，弥补目前国内保险领域的空白。其中，"一带一路"中巴经济走廊首批落地的超大型项目—巴基斯坦卡西姆港电站、巴基斯坦卡洛特720兆瓦水电站项目均由平安财险首席承保。

⑤再保险为"一带一路"提供重大支持。

中再集团发挥了巨大的作用。中再集团从扩大国际合作网络出发，自2017年以来，已与27家所在国最大的保险和再保险公司签署合作备忘录，境外服务网络已覆盖全球121个国家和地区，其中"一带一路"沿线国家47个，可以为中国企业提供查勘定损、理赔救援等本地化服务，为开拓"一带一路"沿线国家的再保险业务布设了广泛的合作网络。2020年上半年中再集团合并总保费收入1021.23亿元，增速高达20.5%。其中，财产再保险业务总保费收入270.78亿元，同比增长17.6%；人身再保险业务总保费收入505.00亿元，同比增长31.4%；财产险直保总保费收入257.63亿元，同比增长5.7%。以中再集团的新加坡分公司为例，该分公司在短短一年时间内就形成了遍布东南亚区域的"一带一路"再保险渠道网络，为中国—中南半岛经济走廊的建设提供了稳定的再保险服务体系。

2. 构建了多元融资机制

"一带一路"的建设过程，需要大量的资金支持。为了满足"一带一路"的各项基础设施建设、产业园区建设、高新技术合作、环境治理等方面的建设需求，中国和沿线国家共同建构了较多元的融资机制。从整体的融资结构上看，"一带一路"建设资金来源可以分为四个层次：

第一层，也是最重要的融资源是中国的政策性银行，以国家开发银行和中国进出口银行为代表，正是以这两家银行为代表的政策性银行的存在，使"一带一路"建设的初始投资有了保障，同时两行的示范作用，为其他融资方树立了信心。

第二层是沿线国家为"一带一路"建设所开发的新兴多边金融机构，包括亚洲基础设施投资银行、丝路基金、上合组织开发银行等，这些新兴金融机构以国际标准设立，通过国际化的管理，专注于进行"一带一路"建设投资。

第三层是中资商业银行，以中国银行和中国工商银行为代表，这些商业银行基于众多的海外分支机构和成熟的国际化金融服务理念，在前两层的支持下为"一带一路"建设提供了最大份额的融资支持。

第四层是传统世界多边金融机构，以世界银行和亚洲开发银行为代表，包括欧美日发达国家的商业银行等，为"一带一路"各种民间项目等提供了融资支持。

（1）中资政策性银行是"一带一路"建设的最坚强后盾

在"一带一路"的推动过程中，中资政策性银行扮演了非常核心的角色，他们承担了为"一带一路"重大奠基性项目和战略性项目提供融资的任务。在政策性银行中，国家开发银行（以下简称国开行）和中国进出口银行（以下简称口行）承担的角色最为重要，它们为"一带一路"的大项目提供了包括商业贷款、股权投资等融资服务。其中，国开行直属国务院，是中国也是全球最大的开发性金融机构。在"一带一路"建设上，国开行以服务基础设施建设和国际产能合作项目为主，为油气、核电、高铁、装备、港口、园区等重点领域进行融资，同时综合运用了国开金融、中非基金等隶属国开行的投资平台，支持中国与沿线国家以重要设备出口工程建设、资产性投资等方式的战略合作。从2013年"一带一路"倡议提出后，该行已经将合作伙伴扩展到巴基斯坦、老挝、科威特等18个国家。截至2017年，国开行与沿线国家合作方已经签署了140多项协议，融资金额超过1000亿美元，累计为"一带一路"国家有关项目发放贷款超过1600亿美元。国开行支持的重点项目包括中俄油气合作项目、中亚天然气管线建设项目、印尼雅万高铁等项目，这些项目不仅有力地支撑了"一带一路"各个经济走廊的实质性合作，更加推动了沿线国家的产业升级，创造了更多的就业。以国开行主导的中兴能源巴基斯坦QA.光伏发电项目为例，该项目于2017年正式并网发电，在项目实施过程中，国开行克服了融资结构复杂、管辖法律烦冗等困难，最终与多个金融机构组成了银团，为项目融资6000多万美元，以及4亿元人民币。该项目作为中巴经济走廊的首个光伏项目，能满足7万个巴方家庭的用电需求，填补了巴方的电力缺口。而同样直属国务院管辖的口行，也在支持"一带一路"重大项目建设融资方面提供了重要的支撑。截至2018年，口行为"一带一路"沿线50多个国家的项目建设提供了服务，贷款项目达到1500个，贷款余额8300亿元人民币。口行主要支持基础设施建设、产业投资、能源资源、贸易往来等领域。在2017年的"一带一路"国际合作高峰论坛上，习近平主席宣布，国开行和口行将分别提供2500亿元和1300亿元"一带一路"专项贷款，继续为"一带一路"的推进提供重要支持。

（2）新兴多边开发金融机构成为"一带一路"融资创新引领者

为了支持"一带一路"的建设，中国和沿线国家设立了多个新兴多边开发金融机构，其中亚洲基础设施投资银行（以下简称亚投行）、丝路基金、上合组织开发银行（以下简称上合银行）最为重要。亚投行于2015年成立，其意向创始成员国为57个，目前其成员国数量已达到86个。亚投行在融资方式、机构管理等方面有多项创新，如贷款审核机制中，以借款国的主权信用情况来作为贷款金额和贷款条件的重要评判依据，比世界银行等多边开发银行的贷款条件更加灵活。因此亚投行对"一带一路"建设的意义，不仅是提供融资支持，更在于为国际基础设施建设融资提供了一条新的思路。而丝路基金同样是为支持"一带一路"建设而成立的融资机构，该机构成立于2014年，资金规模为400亿美元，主要为"一带一路"的贸易合作、产业合作、基础设施建设等提供投资支持。丝路基金的融资机制更为灵活，可以综合运用贷款、基金、股权、债权等多种方式提供融资服务，更可以与国际开发机构、境内外金融机构等通过共同设立投资基金的方式，提供资产受托管理、对外委托投资等金融服务。截至2017年，丝路基金投资的项目已经涵盖了"一带一路"沿线的巴基斯坦、哈萨克斯坦、俄罗斯、阿联酋等国家的17个项目，承诺投资约70亿美元，项目总投资额超过800多亿美元。

（3）中资商业银行为"一带一路"建设提供了重大融资支持

以国有四大商业银行为代表的中资商业银行以银行授信、国际银团贷款、发行债券等方式，为"一带一路"建设提供了大量基础性的融资支持和投资银行、境外保险、财务咨询、风险管理等金融服务。中资商业银行中，中国银行（以下简称中行）和中国工商银行（以下简称工行）是"一带一路"的融资主力。其中，中行不断加大在"一带一路"沿线国家中的机构布局、资金融通上的力度。截至2017年，中行的海外机构已覆盖20个"一带一路"沿线国家，与沿线国家的500家代理机构建立了合作关系，并为多个"一带一路"重大项目提供了融资支持。此外，中行从2014年开始提供"中银中小企业跨境撮合服务"，为"一带一路"沿线国家间的中小企业搭建起沟通和合作平台，到2017年，该行已累计举办30场跨境撮合活动。而工行则是在"一带一路"沿线国家服务覆盖最广的中资金融机构，截至2018年，工行已在18个国家建立了127个分支机构，支持"一带一路"沿线项目212个，承贷金额674亿美元，同时还拥有3372亿美元的储备项目，涉及电力、交通、油气、矿产等众多行业[①]。

（4）传统世界多边金融机构为"一带一路"建设融资提供了重要补充

为"一带一路"信贷融资提供支持的传统世界多边金融机构主要为世界银行（以下简称世行）和亚洲开发银行（以下简称亚行）。其中，世界银行为"一带一路"提供融资支持的主要是国际复兴开发银行（IBRD）和国际开发协会（IDA）。截至2016年，世界银行体系为"一带一路"沿线国家提供贷款225亿美元。亚行则主要通过提供贷款、联合融资担保、技术援助等方式支持沿线国家的基础设施建设、能源、环保等项目。

---

① 海峡网，http://dzb.hxnews.com/2017-05/19/content_447012.htm。

（三）推动了区域内贸易的飞速发展

中国与沿线国家在"一带一路"倡议提出之初就互为重要的贸易伙伴。2014年，"一带一路"各个区域中，东盟为主体的东南亚国家与中国的贸易联系最为紧密，东盟十国与中国贸易总额占比超过"一带一路"沿线国家与中国总贸易额的40%。2021年，中国—东盟货物贸易保持高速增长，总额达5.67万亿元人民币。按美元统计，双方贸易达8782.1亿美元，同比增长28.1%。其中，我国对东盟出口4837.0亿美元，自东盟进口3945.1亿美元。基本上，在双方达成自由贸易区协定之后，东盟十国与中国的贸易额都有了大幅增长（除马来西亚外），其中越南、老挝、缅甸的贸易增长都超过了30%。同时双方的直接投资额也有了巨大的进步，2021年，我国对东盟十国直接投资197.3亿美元，增长22.8%，占对亚洲投资的15.4%。在我国对外直接投资流量前二十位的国家（地区）中，东盟成员占六席。在"一带一路"框架下，中国的经济发展为沿线国家提供了广大的市场和丰富的产品。同时，"一带一路"倡议涵盖了亚欧大陆之间广袤的"世界岛"区域，这片区域人口众多、地域广阔、资源丰富，加之这一区域处于东亚和欧洲两大活跃经济圈之间，在"一带一路"不断推进政策沟通互信互谅、设施互联互通的促进之下，"一带一路"倡议实施以来，贸易成长更为迅猛。

从总体上看，"一带一路"国家之间的总体贸易合作规模正在不断扩大。

中国的资本密集型、技术密集型和知识密集型产业借助"一带一路"的产能合作东风，加快在沿线国家布局，改善了所在国的产业结构，中国的高端材料在"一带一路"建设中的实践成就与风险防范研究业、装备制造业等高端制造业，以及金融、物流、电信、技术研发等现代服务业贸易取得了长足的进步。但从"一带一路"贸易结构看，中国的外贸品正在不断向产业链高端攀升，并在部分高端制造业中占有一席之地。

1. "一带一路"建设有效拉动了装备制造业出口

基础设施建设项目成果占了极大比重，中国的电力、工程机械、建设企业在其中扮演了重要角色。这不仅有力地带动了中国公路、铁路、桥隧、码头、电力等建设企业走向海外承包建设项目，更有力地推动了性价比极高的中国相关装备产品的出口，工程机械、特种机械、港口设备、火车机车等高端装备产品在"一带一路"建设过程中不断进入沿线国家市场。而在东南亚、南亚、中亚等区域开展的大量电力基础设施建设,也大力推进了国内火电、水电等成熟电力装备的出口。而大量基础设施建设项目建成投产,也带动了后续的高端装备出海。比如,捷克、以色列、巴基斯坦等国的轨道交通项目,就为中国地铁产品提供了巨大的市场机遇,匈塞铁路、中老铁路等旗舰项目,也推动了中国火车机车等产品的出口。以西亚地区为例,近年来中国出口西亚的商品中,机械和运输设备的出口额占比已经从20世纪90年代的20%左右跃升到40%左右,成为中国出口西亚的主力,"一带一路"对装备制造业的出口拉动可见一斑。可以说,中国装备制造业已经成为中国外贸亮点,电力装备、工程机械、电子信息制造业、船舶等都已经成为中国制造的"新名片"。更为重要的是,"一带一路"的各种基础设施合作项目中,随着装备硬件的出口,中国相对成熟的管理能力、售后服务能力也逐步带到沿线国家,推动了中国出海的标准。

2. "一带一路"建设促进了中国工业制成品的出口

在"一带一路"倡议提出之前,中国就已经成为全球第一大制造业国家。中国工业从最初发达国家低端制造业转移起步,通过引进技术、消化吸收到自主创新,已经形成了整体产业配套,具有高性价比特点。在规模、性价比的双重优势下,中国的工业品出口搭乘"一带一路"的机遇有了长足发展。

在东南亚地区,中国的工业品已经占中国出口商品的最大份额,出口的工业品主要以机电产品、贱金属及制品、化工产品为主,比如对老挝的出口商品主要是中等技术水平的机械设备和轻工产品。

在中亚地区,中国的出口商品集中在鞋靴、服装、锅炉等轻工业制成品上,同时玩具、游戏运动用品的出口增长迅猛,增幅超过三倍。

在西亚地区,中国出口的商品除了装备制造业之外,主要集中在机电产品、各类工业制成品、化工产品、食品等。在西亚地区国家中,阿联酋是中国的主要工业品出口市场。

由此可见,"一带一路"对中国工业制成品的出口有比较大的促进作用,这首先是因为"一带一路"五通建设效果显著。政策沟通打破了中国制造业的出口政策屏障,降低了各种贸易壁垒和非贸易壁垒的负面影响,放大了中国物美价廉的工业制成品的竞争优势。同时设施联通也打通了从欧洲到东亚两大世界主要活跃经济区域的通路,联结了欧亚大陆广大区域,为内陆国家提供了出海口,为沿海国家的产品进入内陆市场降低了成本。比如,以青岛为核心的"一带一路"多式联运双向物流枢纽初步形成,中欧班列可以将机械装备、轮胎橡胶、家电等工业制成品运往中亚、西亚、中东欧和独联体区域,从青岛到莫斯科运行时间仅需22天,比海运节省约30天。"东盟专线"将中国的电子产品和配件、胶合板、玻璃制品等从凭祥市出境抵达东南亚国家,比海运节省50%的时间。

有学者对"一带一路"建设的意义做出总结:"一带一路"建设坚持开放发展理念,推动沿线国家地区相互开放发展,融开放于创新发展之中,实现开放与创新融合发展、联动发展,为加快创新世界经济增长方式,推动世界经济更加开放发展注入了新的动力和活力。[①]

---

① 权衡."一带一路"开辟全球化新纪元[N].经济日报,2017-5-13.

第二章 "一带一路"背景下各国产业特点和投资现状

"一带一路"构想提出后,引起了国际社会的广泛关注,越来越多的国家和地区愿意参与到"一带一路"建设中来。本章为"一带一路"背景下各国产业特点和投资现状,分别介绍"一带一路"沿线国家经济形势与产业特点、"一带一路"背景下各国和地区投资环境分析、"一带一路"背景下中国对外投资现状。

第一节 "一带一路"沿线国家经济形势与产业特点

"一带一路"涉及的区域横贯欧亚大陆、西太平洋和印度洋,以中国为辐射中心,西北可达波罗的海三国(立陶宛拉脱维亚、爱沙尼亚),东北到达俄罗斯和蒙古,西南延至埃及和也门,东南可至印度尼西亚,辐射的国家范围广泛,是当今世界上跨度最长、发展潜力最好的经济大走廊。"一带一路"沿线国家从地理上可以界定为蒙俄、中亚、南亚、东南亚、西亚中东和中东欧地区的64个国家(未含中国),沿线涉及上海合作组织、东南亚国家联盟、南亚国家联盟、欧亚经济联盟、独联体经济联盟、欧盟和海湾合作委员会等多个区域性经济组织的成员(表2-1-1)。

表2-1-1 "一带一路"沿线国家地区地理分布

区域	主要国家和地区
蒙俄地区	蒙古、俄罗斯
中亚地区	哈萨克斯坦、吉尔吉斯斯坦、塔吉克斯坦、乌兹别克斯坦、土库曼斯坦
南亚地区	印度、巴基斯坦、孟加拉国、尼泊尔不丹、斯里兰卡、马尔代夫
东南亚地区	越南、老挝、柬埔寨、泰国、马来西亚、新加坡、印度尼西亚、文莱、菲律宾、缅甸、东帝汶

（续表）

区域	主要国家和地区
西亚中东地区	土耳其、伊朗、叙利亚、伊拉克阿联酋、沙特阿拉伯、卡塔尔、巴林、科威特、黎巴嫩、阿曼、也门、约旦、以色列、巴勒斯坦、埃及、亚美尼亚、格鲁吉亚、阿塞拜疆、阿富汗
中东欧地区	波兰、捷克、斯洛伐克、匈牙利、斯洛文尼亚、克罗地亚、罗马尼亚、保加利亚、塞尔维亚、黑山、马其顿、波黑、阿尔巴尼亚、爱沙尼亚、立陶宛、拉脱维亚、乌克兰、白俄罗斯莫、尔多瓦

资料来源：根据有关资料整理。

一、蒙俄地区

中蒙俄经济走廊作为"一带一路"倡议的重要组成部分，是中国"丝绸之路经济带"同蒙古国"草原之路"和俄罗斯跨欧亚大通道建设的有机结合，为构建开放型经济新格局、全面提升中蒙俄经贸合作便利化水平提供了有力的支撑。

伴随着乌克兰危机、国际油价走势、美欧制裁、卢布贬值、资金外流等问题出现，俄罗斯经济发展困难重重。而蒙古依托国内丰富的矿产资源，以及一系列拓展对外贸易和招商引资的政策措施，从2003年到2008年，GDP连续保持了超过5%的高增长率，但是2008—2009年爆发的国际金融危机对蒙古的经济影响也很大，之后几年GDP增长持续下降。同时，蒙古国内经济也面临着一定的问题，包括劳动力资源不足、资本相对匮乏、贫富差距日益加大、基础设施比较落后等。截至2020年上半年，蒙古国国内生产总值（GDP）达到7.4万亿图，约合25.96亿美元，增长率为-10%。中蒙俄三方希望通过"中蒙俄经济走廊"的建设将三方的基础设施建设实现互联互通，开辟三方新的统一市场，形成资金提供、能源矿产的开发、销售等市场一体化的链条。

20世纪90年代以来，中蒙俄三国互为彼此依赖的重要经贸合作伙伴，中国对蒙俄的贸易与投资合作水平持续提高，三国间经贸相互依存度不断提升。中俄双边贸易额从1992年的58.6亿美元上升到2020年的754.89亿美元，[1]中国已成为俄第一大贸易国和第三大投资国。由于产业结构互补性强，在蒙外企近一半为中国企业。俄一直是蒙最重要的战略性经贸合作伙伴之一，俄是蒙仅次于中国的第二大贸易伙伴。

---

[1] 中华人民共和国商务部，http://www.mofcom.gov.cn/.

但是中国与俄罗斯蒙古之间的贸易往来除了能源和原材料之外，商品贸易结构比较单一，贸易合作形式和模式也缺乏创新。中国连续多年是蒙古最大的贸易伙伴及投资来源国，占蒙古产品出口的比重达90%，但中蒙的投资与贸易主要集中在能源和矿产资源领域。两国经济体量差异和蒙古的经济结构等原因，造成其对外贸易结构的单一和不平衡。尽管中俄年贸易额超过900亿美元，但中俄经济融合度较低，贸易主要集中在能源领域，俄罗斯一直在中国的贸易伙伴第十位徘徊。中国与俄蒙现有的不对称贸易关系制约了贸易规模的扩大，可能影响未来合作的深入。

因此，在能源和资源贸易的基础上，从长远看，三方要进一步拓宽合作领域，在铁路、油气管道等基础设施互联互通的基础上，推动新兴产业科技、金融、电子商务、跨国旅游等领域的产业合作；进一步创新合作方式，通过工业园区、产业聚集区建设，增加直接投资，完善基础设施配套产业，带动当地就业。

二、中亚地区

中亚五国作为苏联加盟共和国是苏联计划经济分工体系的组成部分。计划经济时期，该地区尽管有微薄的工业基础，但主要的功能和地位是农牧业产区和资源开采及初级加工。苏联解体后，中亚五国相继成为独立主权国家，这些国家的经济体系仍高度依赖俄罗斯的产业分工关系，工业部门的成套设备生产能力几乎为零。经济开放条件下，中亚五国逐渐形成了资源出口型开放经济，单一产业结构和高度依赖资源部门出口，导致中亚国家的经济自主性非常低。

中亚国家在独立后经历了长时间的经济恢复期，由于国内产业薄弱和资金短缺，中亚国家的经济发展迫切地需要外部资金的支持。中国对中亚国家投资以1997年中石油收购哈萨克斯坦阿克纠宾斯克油气股份公司60.3%的股份为开端，其后中国企业对中亚国家投资持续增长[1]。

由于基础设施、能源建设项目周期长，投资金额大，以及部分国家对民营企业进入有诸多限制，所以目前中国对中亚的投资主体以大型国有企业为主，主要有中石化、中石油、中信集团、中国有色金属建设股份有限公司等。

中亚五国国内市场规模普遍较小，制造业配套能力较弱，且法律环境较差，

---

[1] 中华人民共和国商务部，http://www.mofcom.gov.cn/.

但能源矿产资源丰富，因此流入中亚五国的外资多属于"资源获取型"对外直接投资。以哈萨克斯坦为例，我国的投资存量中2/3以上流向采矿业，其他主要流向建筑、金融、房地产、商务等行业，流入制造业的规模很小。这种投资对双边经济增长与发展的推动力有限且不可持续，应该从长远考虑，既兼顾中亚国家国内价值链的延伸，又要提升我国产业国际价值链的嵌入。因此，在对中亚地区进行投资时应该转变投资观念，拓宽投资领域，既要关注基础设施投资，又要增加高附加值下游产业的投资。

三、南亚地区

拥有16亿人口、海陆交汇之处的南亚地区是"一带一路"推进的重要区域，南亚地区的国家都属发展中国家，基本都以农业为国家经济基础，多个国家属于世界上最不发达国家的行列（表2-1-2）。"一带一路"建设也给南亚印度洋沿岸国家带来了海上联通。斯里兰卡的汉班托塔港项目一、二期已建成10个泊位，码头岸线长度3487米。①

表2-1-2 南亚部分国家产业概况

国家	产业概况
印度	农业大国，主要农产品有水稻、小麦、棉花、甘蔗、茶叶等，可耕地面积占亚洲第一位。工业主要包括制造业、电力、采矿、汽车制造、精密仪器、软件、航空航天等。旅游业和服务业比较发达
巴基斯坦	典型农业国家，农业以种植业为主，粮食作物主要有小麦、水稻、小米、玉米、大麦等；经济作物主要有棉花、甘蔗烟草等。棉纺织业为最大的工业部门，其他工业门类则以原材料与初级加工为主，旅游业欠发达
孟加拉国	主要依靠农业，农村人口约占总人口的80%，农业产值占国民生产总值的55%以上。工业落后，以麻纺棉纺、碾米化肥、电力等为主，现为世界上第四大服装出口国
尼泊尔	典型的农业国，80%的国民从事农业生产，农业总产值占国内生产总值的35%以上
斯里兰卡	重点发展农业、工业和服务业，主要出口商品为服装茶叶、观赏鱼、食品饮料、烟草、橡胶制品、珠宝、椰子等
不丹	农业是支柱产业，近年来，第二，第三产业发展较快。对印度的水电出口为其外汇收入的最大来源，旅游业已成为经济发展的重要动力之一

---

① 招商局港口控股有限公司．斯里兰卡汉班托塔港国际港口集团公司[EB/OL].2022-10-18. http://www.cmport.com.hk/Touch/business/Infor.aspx?id=10007512.

（续表）

国家	产业概况
马尔代夫	旅游业、渔业和船运业是三大支柱产业

资料来源：根据中国商务部网站整理。

印度是南亚地区最大的国家，南亚其他国家与印度相比，尽管在人均收入及发展状态上与印度差距并不大，有的甚至还超过印度，但在领土面积、人口、GDP总量等方面与印度相差甚远。作为南亚的主体国家，印度的态度决定了"一带一路"建设在南亚地区的总体效果。从现实来看，印度是南亚地区最具潜力的市场，而且得益于低油价、国内改革及投资增长等因素，印度2013—2015年GDP增长率为6.64%、7.24%和7.55%，同时在2022年第四季度，印度经济增长率出现了较大程度的回调——由前一季度的6.3%，放缓至4.4%，[①]已成为世界增长最快的大型新兴经济体，所以"一带一路"倡议要在南亚有所作为，应当首先积极推进与印度在相关合作领域的协调与对接，同时进一步挖掘其他经济体经贸合作互补性，夯实利益共同体与命运共同体的现实基础。

一是加强产能的国际合作。除印度服务业和马尔代夫旅游业占据优势之外，其他国家主要以农业、服装纺织业等低附加值的劳动密集型产业为主，产业链完备的资本技术密集型产业体系尚未形成。因此，南亚国家面临发展工业、提升产业结构的现实需要。我国工业经过多年发展，在22大类工业品中，7大类220多种工业品产量居世界第一位。这为煤炭、石化产业、钢铁、水泥、光伏等工业品和大型机械、电工电子等具有比较优势的机电产品向南亚的输出提供了机会。特别是2014年以来油价下跌使贸易条件改善，政策改革促使南亚国家的工业和投资活动回升，这将为中国与南亚加强贸易合作、实现双赢提供机会。

二是加强基础设施建设的合作。南亚主要国家基础设施建设较为落后，印度、巴基斯坦、孟加拉国、尼泊尔等国家普遍存在交通基础设施建设不足，交通连续性较差以及能源基础设施落后等问题。而我国基建产业链完整，多年海外建设已形成丰富的投资和贸易经验，在国际市场已经形成良好的企业和品牌形象，当前正面临难得的拓展南亚市场的历史机遇。

三是加强互补产业的贸易合作。南亚各国经济发展战略各有侧重，但具有大

---

① 世界银行：http://data.worldbank.org.cn/country/india。

力发展工业的共同特征。以印度为例，它的特色发展战略是以信息科技推动的服务行业为主导。在软件、商业外包、多媒体、网络管理和系统得以整合的同时，也造成制造业发展长期滞后的局面。印度当前主要是凭借资源和成本优势来发展基础制造业。而中国经过多年发展，制造业产业结构向高级化迈进。"中国制造2025"提出，要在十年内将劳动密集的低端制造业转型为机器人、互联网和航空航天等高端制造业。印度制造业低起点的定位，为两国互补产业贸易提供了条件。一方面可加快中国具有绝对优势的低技能制造行业向该国转移，另一方面也为中国高端制造业技术和产品向印度输出提供了契机。而巴基斯坦、孟加拉国、尼泊尔、斯里兰卡等国工业基础均较为薄弱，对外贸易以出口资源型产品、农产品和皮革纺织产品为主，在与中国贸易合作上具备与印度类似的合作机会。

四、东南亚地区

东南亚地区11国，10个国家是东盟成员，东盟成员国拥有443.56万平方千米国土，6.23亿人口，2.57万亿美元国内生产总值（GDP），进出口贸易额为2.53万亿美元，是世界第七大经济体（仅次于美国、中国、日本、德国、英国和法国），是世界上第四大进出口贸易地区（仅次于美国、中国和德国），也是世界上吸收外商直接投资的主要地区之一。[①]

东南亚地处热带，拥有丰富的自然资源，盛产石油、天然气、煤炭、木材、橡胶、锡、大米和热带水果等。其中，东盟各国生产的橡胶、锡、麻、椰子占全球一半以上，棕榈油占全球30%。泰国、越南、缅甸是世界上重要的稻米出口国，印度尼西亚、马来西亚、文莱和越南油气资源丰富。此外，东南亚还拥有翡翠、宝石、名贵木材、药材等世界稀缺资源。

东盟拥有丰富的人力资源，东盟10国人口已经达到6.23亿，超过拥有28个成员的欧盟（5.7亿）。如果按一个国家计，则居世界第三位，仅次于中国和印度，是美国的近两倍。此外，东南亚的平均年龄为30.2岁，远低于中国（38.4岁）和欧洲（44.1岁）其人口红利优势明显。中国对东盟的直接投资是从20世纪90年代开始的，但规模较小。2010年1月1日中国—东盟自由贸易区全面建设成功，它进一步推动了中国对东盟的直接投资。中国对东盟直接投资的国别分布主要在

---

① 世界银行，http://data.worldbank.org.cn。

新加坡、印度尼西亚、泰国、马来西亚，近年来对老挝、缅甸、柬埔寨、越南的投资额也开始形成规模。

2020年，东盟首次成为中国最大的贸易伙伴，双方贸易额超过中国对外贸易总额的七分之一。2021年1—10月，中国—东盟贸易额已达7033亿美元，同比增长30%，再创历史新高。不同合作区涉及的主导产业各异，既有纺织轻工、钢铁橡胶等劳动密集型产业，也有信息通信、绿色环保等新兴产业和金融保险、物流研发等现代服务业。产业分布除了体现出投资国的产业发展状况和投资目标外，也兼具了东道国的经济发展特点。未来中国应充分利用中国—东盟自贸区合作成员方的独特优势，积极探索加深双边经贸合作的新途径，利用境外经贸合作区这一新模式，带动我国企业"走出去"。

五、西亚中东地区

西亚中东国家石油等能源资源储量非常丰富。目前，中东国家是世界上储量最大、生产最多的石油国。其中，截止2021年底，沙特已探明石油储量2671亿桶，占全球已探明石油储量15450亿桶的17.3%，仅次于拥有3035亿桶的委内瑞拉，位居第二，占中东国家总储量8696亿桶的30.7%。

2013年，中国在同阿拉伯国家的经贸合作过程中，提出了"1+2+3"的具体实施方略：是以能源合作为主轴，用包括能源战略通道安全的合作在内的能源合作带动中国和阿拉伯国家整体关系的发展，增进政治上的合作和互信；二是以基础建设和贸易、投资便利为两翼，带动双方经贸合作的发展；三是提出中方不能满足于传统的基础建设和商务合作，而是要在航天、新能源这些更高的科技领域进行合作。

当前中国与中东国家间的产能合作重点主要集中在以下领域：

一是基础设施。中东国家工程承包市场规模巨大，其工程承包市场占全球份额的19%，规模高达4万亿美元。目前双方正努力在高铁、电力、港口建设等领域内合作，中国有关企业正争取早日签署土耳其东西高铁等项目合同，抓住伊朗核问题达成全面协议的机会，加快推进德黑兰至伊斯法罕高铁等大项目合作，进一步推动中伊工业园建设等。

二是高新领域装备制造。中国拥有先进的航空航天技术、完整的科研体系以及配套齐全的工业设施，中国实施开放的航天政策，并积极开展多种形式的国际合作。埃及、阿联酋等启动卫星发射项目，阿拉伯通信联盟加紧推进卫星布网。土耳其拟发射17颗卫星入轨。中东地区新建可再生能源项目发电量3700万千瓦，土耳其等积极筹建首座核电站。从全球范围看，中东是对核电、航天卫星、新能源需求增长的重要地区，双方合作潜力巨大。2015年12月，哈尔滨电气集团与沙特国际电力和水务集团签订战略合作协议，双方将共同合作开发欧洲、亚洲、非洲电力市场，同时双方还签署共同投资在迪拜兴建中东第一座燃煤电厂，这是中资公司首次以投融资和总承包模式进入中东电力市场。目前，中国与阿拉伯国家方面已就建立中阿技术转移中心、阿拉伯和平利用核能培训中心、阿拉伯清洁能源培训中心、北斗卫星导航系统落地阿拉伯项目等达成共识，展现了双方合作的真诚意愿和巨大潜力。

三是劳动密集型产业。西亚经社会发布的最新版《阿拉伯地区经济和社会发展调查报告》显示，阿拉伯地区2022年失业率为12%，2023年可能出现小幅下降；地区通货膨胀率2022年上升到14%，但在接下来两年可能会分别下降到8%和4.5%。庞大的失业大军处置不当，很可能引发政治冲突和社会动荡。这些国家迫切希望促进经济发展，解决就业问题。中国具有纺织等劳动密集型优势产能，可以帮助阿拉伯国家推动一批周期短、见效快的项目尽快落地，降低当地的失业率。

六、中东欧地区

整体上看，中东欧地区的国家有以下特点：一是国土面积不大。最大的是乌克兰，60.37万平方千米；最小的是黑山，只有1.38万平方千米，这就造成单个国家经济结构不完整，必须与其他国家进行经济交流。二是历史上存在战乱和分裂。第二次世界大战后，中东欧的许多国家属于社会主义制度，计划经济色彩浓厚。苏联解体后，一些国家进入欧盟，但由于历史原因，融入的进度缓慢。三是国民财富差距较大。四是经济部门门类偏重工业，机械装备、汽车、钢铁有色、医药、石油、煤炭、机床、电子、数控等较为发达。匈牙利、白俄罗斯、波兰等国农业比重较大，农产品向欧盟出口较多。

中国对中东欧投资分布广泛。其中，制造业投资主要集中在波兰、匈牙利等地区大国，主要投资项目包括：烟台万华实业集团收购匈牙利宝思德化学公司、广西柳工集团并购波兰 HSW 公司工程机械部、湖北三环集团并购波兰最大的轴承制造企业 KFLT 轴承公司等。基础设施和能源领域投资主要集中在塞尔维亚、波黑、马其顿和黑山等巴尔干半岛的东南欧国家，2013—2015 年，中国企业在塞尔维亚投资诸多项目，包括 Kostolac 煤电厂升级改造、摩拉瓦运河水电站及多瑙河米海洛卜平大桥建设等。

作为新兴市场，中东欧地区表现出比传统的欧洲核心地区更为强劲的经济活力和发展潜力。中东欧国家的经济活力主要来自不断上升的国外直接投资。得益于该地区政局稳定及由此形成的投资环境、与欧盟接轨的法律框架、便宜的土地价格、劳动力质优价廉等因素，中东欧地区在吸引以制造业为主的国外直接投资方面，被视为整个欧洲大陆的首选。

2009 年席卷欧洲的金融危机令中东欧地区经济发展严重受挫，也使其经济和金融业过度依赖西欧发达国家的弊端得以暴露。一方面，深陷危机之中的西欧各国对中东欧地区的经贸需求大幅下降；另一方面，西欧的企业和金融机构迫于本国的流动性压力或监管要求，不得不从中东欧地区大量撤资。中东欧国家面临严重的资金外逃问题，信贷环境迅速恶化，地区经济雪上加霜。为应对危机，中东欧国家纷纷采取主动、灵活的外向型经济政策，通过吸引更多来自欧盟以外的直接投资，努力摆脱在经济、金融领域对欧盟的过度依赖，如波兰于 2012 年推出面向波兰企业的"去中国投资"项目和面向中国企业的"去波兰投资"项目，积极推动中波双边经贸与投资合作；匈牙利制定"向东开放"的经济和外交战略，在税收和移民方面推出一系列优惠政策；等等。这将给包括中国在内的欧盟以外国家或经济体的直接投资带来机会。

第二节 "一带一路"背景下各国和地区投资环境分析

一、"一带一路"倡议下中国对欧美发达国家的投资环境分析

随着国内经济转型升级步伐的不断推进，中国企业参与国际竞争的实力日益增强。近年来，中国投资加速流向发达经济体，并且越来越希望获得高技术，争

取在高附加值产品市场上立足,这表明中国正从简单的资源寻求型直接投资向真正有利于提升中国国际竞争力的海外直接投资转型。中国对外直接投资的空间流向也呈现出地域多元化特征。中国对外直接投资的目的地从亚洲、非洲拉丁美洲等资源富集地区逐步扩展到北美、欧盟等技术发达地区。在国家战略激励下,中国在未来一段时间内将会以较快规模和速度增加在"一带一路"沿线地区的直接投资,但这并不意味着中国在欧美等传统市场的直接投资绝对量会减少,欧美市场在"一带一路"倡议背景下仍具吸引力,其原因在于这一地区拥有雄厚的技术基础和成熟的市场环境。据中国商务部统计,2020年,中国对美国直接投资流量60.19亿美元;截至2020年末,中国对美直接投资存量800.48亿美元。

美国是当前世界上最大的经济体,具有稳定的政治社会环境、健全的法律法规和监管制度、完善的市场经济体系以及在科技和教育方面的领先实力,这些条件对中国企业具有强烈吸引力。从投资领域来看,在全球投资战略不断调整下,未来中国企业在美国直接投资的产业主要有汽车、信息技术、机器设备、航空、生物制药和医药器械等领域。

欧洲仍有许多经济发展条件为中国投资者所青睐,如厚重的先进技术、良好的市场经济环境、高认可度的国际品牌以及成熟的营销网络。年来,中国在欧洲的海外直接投资创历史新高,且投资规模呈现上升态势。其中,英国、意大利、荷兰、葡萄牙和德国是中国对欧投资的主要目的地。从投资领域来看,中国企业未来在欧洲直接投资的产业主要有商业地产、品牌网络、研发中心、食品加工设备、高端制造等领域。

"一带一路"沿线地区可能会带动基础设施领域的投资,而中国企业到欧美等成熟市场投资更倾向于技术、品牌等领域,两者并不是此消彼长的关系,而是可以并行的,因此"一带一路"倡议的实施并不会对中国企业赴欧美发达国家的直接投资产生较大影响。

二、"一带一路"沿线地区投资环境分析

随着"一带一路"倡议的稳健推进和多项改革措施的相继出台,中国企业对"一带一路"沿线地区的投资规模也不断大幅增长,其中基础设施、能源、文化旅游、新兴产业和金融等领域逐渐成为投资热点,这些领域的互通互联将构成"一

带一路"沿线地区合作的基础和前提。由于"一带一路"沿线国家禀赋各异，发展水平不一，比较优势各有差异，中国对外直接投资在"一带一路"沿线各个地区的投资产业选择之间也会呈现出差异性。

（一）蒙俄地区

蒙俄地区对中国"一带一路"倡议实施具有重要的地缘政治价值。俄罗斯是世界重要一极，中国应积极对接俄罗斯的欧亚经济联盟和"东向战略"，参与俄罗斯东西伯利亚、远东地区的经济开发和基础设施建设，推动在航空航天、油气资源、资源精深加工等领域投资合作；中国企业应积极衔接蒙古"草原之路"战略规划，利用蒙古的政策优势，加强对蒙古轻纺制造、食品加工、农牧业资源与矿产资源开发、旅游规划与开发、交通运输和电力建设等领域投资。

（二）中亚地区

中亚地区是亚欧大陆桥必经之地，中亚各国油气、矿产资源丰富，畜牧业、种植业的发展也有一定规模，出产优质棉花、畜牧产品等农产品。中国与中亚地区接壤，也有着较好的经济合作基础。基于战略资源安全保障和消化国内剩余产能的战略考虑，在中亚地区，尤其是哈萨克斯坦和土库曼斯坦，中国的海外企业应扩大和巩固以石油、天然气为重点的能源资源等领域投资，提高资源就地加工转化比重；在农业方面，应在加强深加工棉花、肉类等传统优势农产品产业的基础上，拓宽农业投资领域。

（三）南亚地区

南亚地区是"一带一路"的海陆交汇处，因其区位条件、自然资源和人力资源优势，在经济和安全上对中国的南向开发具有重要地位。中国对南亚的投资应注重利用南亚的劳动力优势，发展劳动密集型产业，同时加强对农业、基础建设等方面的投资，主要的投资目的地是印度和巴基斯坦。在印度，加快基础设施建设、IT软件及相关服务、制造业等领域的投资。在巴基斯坦，扩大对基础设施、能源开发、汽车制造、机械电子、通信和金融等领域投资，积极参与建设中巴经济走廊，尤其是参与海尔鲁巴经济区、瓜达尔港等项目建设。

（四）东南亚地区

东南亚自古就是海上丝绸之路的重要枢纽，也是建设21世纪海上丝绸之路的核心地区，与该地区的良好合作对维护中国海上领土的安全和稳定有着重要意义。东南亚地区华人较多，与中国有一定的文化亲缘关系，也积累了深厚的商业合作基础。中国对东南亚的投资应充分利用现有平台，重点加强南海地区的油气开发，加大对农产品加工（如橡胶加工、热带水果加工）方面的投资力度，并利用油气资源优势积极投资石油化工、建材等工业项目。在扩大投资规模的同时，也应提高投资的"质量"，加强对海洋科技等技术方面的投资，适当加大水能、风能、太阳能和潮汐能等新能源领域的投资。同时，还应善于利用东南亚部分国家（如印度尼西亚、越南等）丰富的人力资源，进行劳动密集型产业的转移。

（五）西亚中东地区

西亚中东地区因其区域优势，在"一带一路"倡议实施中具有举足轻重的地位。西亚油气资源丰富，未来应积极探索与西亚企业在油气加工利用方面的合作，投资石油化工业、能源产业等。中东国家存在巨大的基础设施建设需求，可以通过加强国际金融合作，在中东地区推进一批兼具社会和经济效益的项目来推动当地经济增长。同时，由于伊朗、以色列等国在农业上的技术优势，可以加大对农业科技（如节水灌溉、旱作农业等）方面产业的投资，积极参与高效农业示范园区建设。

（六）中东欧地区

中东欧地理位置优越，劳动力素质高，工业基础和技术积淀雄厚，对该地区进行直接投资有助于刺激国内经济增长。近年来，中东欧地区提高人民生活水平的需求愈发迫切，为此，可以将中国装备制造业、基础设施建设等领域的优势与中东欧发展经济和改善民生的需求相结合，加强与中东欧企业在装备制造、高铁、汽车及零部件、通用航空等重工业领域的投资合作。

因此，根据各个国家的资源禀赋条件、经济社会发展水平和比较优势，遵循适度均衡化和差异化原则，推动在"一带一路"沿线各国的对外直接投资，将会促进区域内要素有序自由流动、资源高效配置与市场深度融合，把经济的互补性转化为发展动力，实现与沿线各国共同发展、互利共赢。

第三节 "一带一路"背景下中国对外投资现状

一、"一带一路"行稳致远

当前,全球贸易正处于深刻变化之中。受全球贸易紧张局势和经济增速放缓影响,2020年全球货物贸易量同比下降5.6个百分点。世界贸易组织(WTO)统计数据显示,在全球出口贸易总额中,中国占15.8%,排名第一。美国(8.8%)、德国(8.4%)、荷兰(4.1%)、日本(3.9%)分列第2名至第5名,是全球排名领先的出口大国。除了首位的中国以外,其他国家的出口都出现了贸易额下降的情况。在全球经济发展疲软的大背景下,数字技术的应用、消费行为的转变以及应对气候变化的动力正在不断重塑全球化格局。"一带一路"倡议是"丝绸之路经济带"和"21世纪海上丝绸之路"的简称,旨在传承丝绸之路精神,探索多层面的长效合作机制,为经济全球化提供新动能。截至2021年6月,中国已同140个国家和32个国际组织签署206份共建"一带一路"合作文件,双边经贸合作机制不断深化。据海关数据统计,2020年我国对"一带一路"沿线国家进出口总额达93696亿元,较上一年增长1%。其中,全年货物出口总额达54263亿元,增长3.2%;进口39433亿元,下降1.8%。"一带一路"沿线国家在华直接投资新设立企业4294家,占总对华直接投资新设企业数的11%,较上年同比下降23%;"一带一路"沿线国家在华直接投资金额574亿元,下降0.3%。全年高技术产业实际使用外资2963亿元,增长率超11个百分点。同年,我国企业对"一带一路"沿线国家非金融类直接投资达178亿美元,同比增长18.3%[1]。

"数字丝绸之路"概念最早是在2015年第二届世界互联网大会上作为"国际性议题"被提出,是"一带一路"倡议的重要建设内容之一。会上,26家机构和知名企业发起并签署了"数字丝路"建设联盟意向书。2016年12月第一届"数字一带一路"国际科学计划会议正式发布《数字丝路科学规划(V1.0)》,定义了"数字一带一路"的简称("数字丝路")和英文缩写("DBAR"),明确了"数

---

[1] 顾捷."一带一路"倡议背景下中国对外投资现状及发展前景研究[J].海峡科技与产业,2021,34(12):14-18.

字一带一路"的愿景、目标和实施方案等重要内容。次年,《数字丝路科学规划书》面向全球正式发布,得到了包括联合国教科文组织在内的多个国际组织和国家的广泛认可。该科学规划书旨在服务于联合国可持续发展目标,服务于"一带一路"数字化平台发展,为"一带一路"倡议提供"科学、开放和合作的可持续发展信息决策支持",以及能够"更快、更广、更准地认知'一带一路'"。纵观整个"数字丝绸之路"的历史沿革,"数字经济"一直是其发展的核心。作为拉动全球经济增长的新趋势和新动能,数字贸易正逐步取代传统贸易,为世界各经济体发展转型升级提供新的途径,亦极大丰富了"一带一路"倡议的内涵。2017年《"一带一路"数字经济国际合作倡议》的提出,在拓展"一带一路"沿线国家数字经济领域合作、促进数字化转型等方面发挥了重要作用,跨境电子商务日渐成为助推"数字丝绸之路"建设的有力抓手。据《"一带一路"数字贸易指数发展报告(2020)》数据显示,近年来包括我国在内的大多数"一带一路"沿线国家均表现出较好的数字贸易发展潜力。其中,马来西亚、新加坡和俄罗斯等"一带一路"沿线国家与我国的数字贸易合作程度最为紧密,拥有较好的数字贸易基础;泰国、阿联酋等国近年来与我国在数字经济领域的合作总体呈现上升趋势;波兰、匈牙利等国在数字贸易领域具有较强的增长潜力,是我国"一带一路"数字贸易的重点合作伙伴;伊朗、蒙古、肯尼亚等国虽然数字贸易基础较为薄弱,但发展空间巨大。截至2020年,我国已经与全球22个国家建立了双边电子商务合作机制,"丝路电商"合作持续深化,给沿线各国企业和相关跨境业务提供了新的商业机会。

二、中国对外投资发展现状

2021年1月,联合国贸易和发展会议发布的《全球投资趋势监测报告》显示,2020年全球外国直接投资(FDI)总额为8590亿美元,相较于上年同期下降42个百分点。全球发达经济体外国直接投资总和约为2290亿美元,较2019年下滑69%,创25年来历史最低。发展中经济体外国直接投资总额约为6160亿美元,占全球外国直接投资总量的三分之二,但仍较2019年同比下滑12%。得益于有效的投资便利化措施和持续有利的对外投资吸引力,中国成为全球最大外资流入国,同比逆势增长4个百分点,FDI总额超1630亿美元,占全球比重的20%,

成为全球最大的外资流入国。卢森堡、日本、中国香港和美国分列全球对外投资的第二至第五位。

2020年商务部专门出台《数字经济对外投资合作工作指引》和《对外投资合作绿色发展工作指引》助力中资企业"走出去"。《"十四五"商务发展规划》也明确表示，中国将进一步支持中资企业参与全球产业链、供应链重塑，促进国内外产业协同，推动中国产品、服务、技术、品牌和标准等"走出去"。截至2020年年底，中国已有2.8万家境内投资者在国（境）外共设立对外直接投资企业4.5万家，辐射全球190个国家（地区），年末境外企业资产总额近8万亿美元，对外直接投资累计超2580亿美元。其中，中国2020年对美国直接投资增长近半成，达到60亿美元。而对加拿大和澳大利亚的投资则出现下滑态势，投资比例分别下降55.3%和42.6%（图2-3-1）。

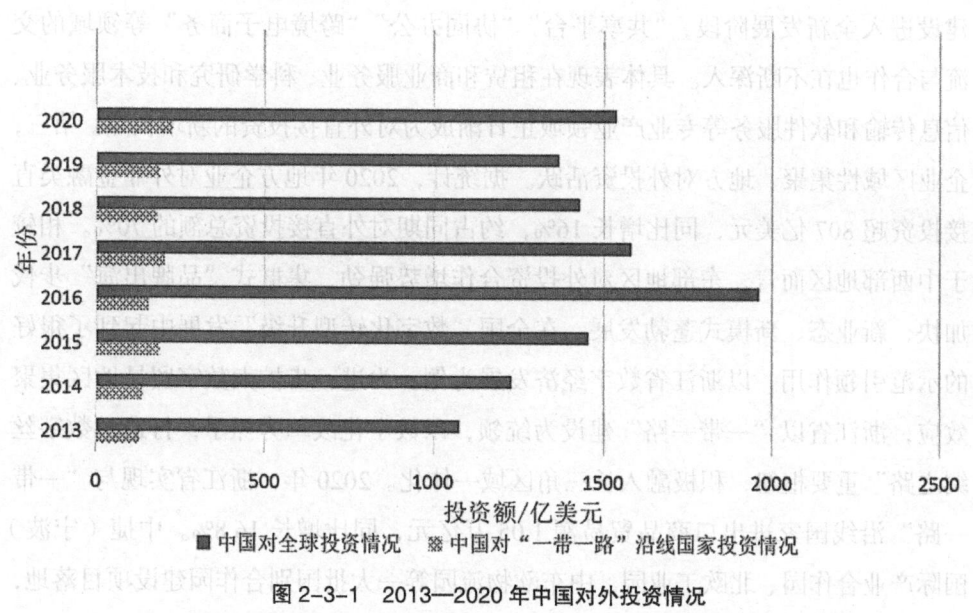

图2-3-1 2013—2020年中国对外投资情况

同年，中国对"一带一路"沿线国家FDI持续扩大，对外开放程度不断加深。据商务部数据统计，我国对"一带一路"沿线国家2020年全年非金融类直接投资总额约合180亿美元，同比增长12.7%；对"一带一路"沿线国家承包工程完成营业额766.5亿美元，同比增长8个百分点。"一带一路"沿线国家已成为众多中国企业参与对外直接投资的首选境外目标国（地区），其主要特征体现在：第一，区域相对集中。从国别构成来看，中国企业对外直接投资的区域主要集中在周边国家和地区，如俄罗斯、蒙古、新加坡、印度尼西亚等。其中，企业在东盟国家和地区的对外直接投资活动相对活跃。东盟国家和地区是"一带一路"中"海上丝绸之路"的重要市场之一，拥有较为完备的投资机制与产业链发展条件，我国企业在该区域的双边贸易总量、对外承包工程合同总量等方面优势明显。据国家统计局数据统计显示，中国2020年全年对东盟国家和地区的直接投资同比增长了23%，占当年中国对外投资流量总额的10.4%，具有较高的投资潜力。第二，流向相对集中。据统计，到2020年末传统制造业仍然是中国企业对外投资的主要流向，同比增长13.1%；流向建筑业的投资为37.6亿美元，电力生产和供应业的投资为24.8亿美元，分列中国对"一带一路"沿线国家投资占比的第二位和第三位。伴随着新一代信息技术的进阶迭代，"一带一路"沿线国家数字经济基础建设进入全新发展阶段，"共享平台""协同办公""跨境电子商务"等领域的交流与合作也在不断深入。具体表现在租赁和商业服务业、科学研究和技术服务业、信息传输和软件服务等专业产业领域正日渐成为对外直接投资的新增长点。第三，企业区域性集聚、地方对外投资活跃。据统计，2020年地方企业对外非金融类直接投资超807亿美元，同比增长16%，约占同期对外直接投资总额的70%。相较于中西部地区而言，东部地区对外投资合作增势强劲，集群式"品牌出海"步伐加快，新业态、新模式蓬勃发展，在全国"数字化转型升级"发展中起到了很好的示范引领作用。以浙江省数字经济发展为例。为进一步扩大数字贸易地区集聚效应，浙江省以"一带一路"建设为统领，以数字化改革为抓手，打造"数字丝绸之路"重要枢纽，积极融入长三角区域一体化。2020年，浙江省实现与"一带一路"沿线国家进出口商品贸易额1.05万亿元，同比增长16.8%。中捷（宁波）国际产业合作园、北欧工业园、中东欧物流园等一大批国别合作园建设项目落地，境内境外园区链式合作体系不断深化，跨境电子商务正成为推动"一带一路"经贸合作的新引擎。

第三章 "一带一路"建设对中国对外直接投资的影响

以"一带一路"为核心的中国对外投资新方向，不仅是中国对外开放基本国策的提升，也是中国开放型经济新格局的重要组成部分。随着中国双向投资新格局的形成，"一带一路"建设将引领内外投资双向协调均衡发展，对于中国本身的经济发展和国际投资地位的稳固起到了重要作用。

本章为"一带一路"建设对中国对外直接投资的影响，分别介绍国际经济格局变化与中国的国际投资地位、中国企业对外直接投资的概况与特征、"一带一路"建设与中国对外直接投资的新方向。

第一节 国际经济格局变化与中国的国际投资地位

2008年次贷危机以后，中国面临的国际经济格局发生变化，全球经济不平衡下投资贸易的风险增加。2016年，在全球国际直接投资下滑的背景下，中国吸收外资再创新高，再次被联合国贸发会议评为全球最具吸引力的三大投资地之一。中国在全球的国际投资地位日益稳固。

一、国际经济格局发生变化

（一）全球投资贸易增长方式发生转变

次贷危机发生以后，全球经济格局和投资贸易增长方式发生转变。在这次危机中表现相对稳定的中国，也在危机中充分暴露出长期以来实行的出口拉动型经济增长模式的弊端：首先，传统的投资贸易增长方式受到冲击。金融危机爆发以后，世界经济疲软导致外部市场需求减弱，对中国特别是作为沿海开放地带的对外贸易产生了重大影响。其次，由于发达国家的金融机构受到重创，资本跨境并购和投资的意愿及能力降低，中国企业的外部融资渠道受到很大限制；在华跨国公司从国际市场融资的可能性大幅度下降，融资成本和经营压力不断上升，进行利润再投资和资本扩张的计划被取消或搁置。最后，对于外部市场的过度依赖使中国在这次金融危机中遭受了严重打击。中国长期以来已经形成的以"高投入、高能耗、高污染、低效益"为特点的经济增长方式，其持续性受到来自各方的怀疑。金融危机改变了世界经济格局，金融危机也将迫使中国加快经济转型的步伐。由于此轮危机带来的影响程度更深并且持久，用以往危机的经验和长周期理论均无法完全解释，因此，中国的经济增长方式必须从过度依赖外部市场向外部市场与内部市场并重转变。这意味着中国的对外开放战略也必须进行相应的调整，必须实现对外开放政策的升级。

（二）全球经济不平衡投资贸易风险增加

长期以来，国内金融体系的功能和效率低下，金融资源的市场化配置功能远未显现。这一方面因为存贷款市场存在较多限制，利率市场化迟迟未能推行，以致中小型技术创新型企业的融资困难重重。资本市场的对外开放程度不高，无法成为企业发展所依赖的外源融资后盾。另一方面也因为外资金融机构的业务范围受到限制，中外资企业间无法进行公平竞争，从而削弱了外资对于国内金融机构的"鲇鱼效应"。金融抑制现象的存在，使得金融市场无法起到正确引导资金流向，改善资源禀赋结构，从而增加高附加值商品出口，优化出口产品结构的作用，也难以在将外资潜在的溢出效应转化为现实生产力方面发挥重要作用。同时，金融体系的功能和效率低下也导致中国在面对国际金融危机时受到冲击。国际经济风险通过外资，外贸、通货膨胀等多种经济渠道影响到中国的国家经济安全，进而对环境、就业、经济增长等造成不利影响。因此，提高抵御国际经济风险的能力迫在眉睫。

（三）发达国家出现制造业回流

20 世纪 80 年代以后，欧美国家经历了本国劳动力从制造业向服务业转移，制造业占本国 GDP 和占世界制造业比重持续降低，传统制造业向新兴发展中国家转移的国际产业转移过程。在这一过程中，虚拟经济在本国经济中的占比持续上升，直至2007年美国次贷危机爆发并逐渐蔓延到部分欧美发达国家，由于虚拟经济过度膨胀所产生的巨大泡沫终于破灭，实体经济地位逐渐上升。2009年以后，欧美国家陆续推出"再工业化"战略，出台了一系列鼓励制造业回流的政策措施，一些欧美跨国公司出于经济和政治的双重考虑，将部分生产能力从新兴发展中经济体撤回，国际产业转移出现了逆向流动。

二、中国与世界经济的关系发生变化

（一）中国的国际经济地位上升

在这次金融危机中，中国的外贸虽然一度遭受严重打击，但总体经济环境平稳，经济增长不但优于美国等发达市场经济国家，也优于大部分新兴经济体，因此，危机后中国的国际经济地位显著提升，中国与世界经济的关系发生了重大变化。一方面，危机改变了世界经济格局，中国已经成为"世界的中国"，因此必须加强国内经济战略与对外经济战略的协调，承担起大国责任；另一方面，中国正处于经济转型期，国际收支双顺差使中国面临如何正确处理对内对外平衡与协调的双重困境。

（二）中国的发展战略发生变化

改革开放40多年来，中国外贸的规模型发展一直是和开放初期的"资金饥渴症"和"外汇饥渴症"联系在一起的。中国在廉价劳动力充裕的条件下，积极引进外资，建立了大规模的劳动密集型出口产业，其目的就在于改善资本和外汇的缺口。长期以来，中央政府制定的出口退税政策以及其他相关出口激励措施，无不把目标集中于出口的数量。对于贸易顺差的过度追求不仅使进出口结构不平衡，贸易摩擦频繁；贸易方式也严重偏向加工贸易，在出口大量增长的背后，整体的外贸效益低下。同时，随着市场的全面开放以及外资数量和领域的不断扩大，中国利用外资也越来越走上了数量化增长道路，并因此产生了一些发展中的问题。因此，如何从粗放的规模型增长方式向创新驱动的质量效益型增长方式转变已经成为亟待解决的问题。

三、中国在全球的引资地位稳固

（一）全球投资下滑中国吸引外资再创新高

最新数据显示，2023年一季度全国实际使用外资金额4084.5亿元人民币，同比增长4.9%，吸收外资实现"开门稳"。

在去年高基数的基础上，中国实际使用外资继续保持增长态势。商务部国际贸易经济合作研究院院长顾学明认为，这充分说明，中国仍然是全球最具吸引力的投资目的地之一，中国经济长期向好将为外资企业提供发展机遇和广阔空间。

（二）中国在全球仍具有较大投资吸引力

虽然中国近几年的劳动力成本上升较快，但中国仍然拥有广大的消费市场、良好的基础设施建设、技能纯熟的劳动人口以及日益完善的投资政策。特别是在全球直接投资大规模下降的情况下，中国的直接投资流入量仍然保持上升趋势，再创新高，这一结果使中国在全球的投资地位更趋稳固。

2017年1月12日，国务院发布《国务院关于扩大对外开放积极利用外资若干措施的通知》，进一步明确了利用外资是我国对外开放基本国策和开放型经济体制的重要组成部分，在经济发展和深化改革进程中发挥了积极作用。因此，国际机构和部分跨国公司高管仍然认为，中国的投资前景良好，在国际投资中的地位稳定，是全球最具有吸引力的投资地之一。

人们注意到，在踏上奋进社会主义现代化新征程之际，中国发出推进高水平对外开放的明确信号。2023年政府工作报告强调，"更大力度吸引和利用外资""做好外资企业服务工作"。

第二节　中国企业对外直接投资的概况与特征

一、中国对外直接投资的政策演进与发展历程

中国对外直接投资的发展历程和政府相关政策演变有密切关系。改革开放之初，中国外汇短缺，政府对企业直接投资采取限制政策，因此当时基本上也没

有企业对外直接投资。随着中国经济的快速发展，出口获得大量顺差，积累了大量外汇。企业在国际市场上具备一定竞争力，为了更好利用国际国内两个市场，更有效率地配置资源，政策由限制转变为鼓励对外直接投资。随着经济的持续快速发展，企业跨国经营的能力增强，国家也出台各项政策支持企业对外投资，企业对外投资发展迅猛。中国对外直接投资的发展历程大致可分为四个阶段：

1997—2001年，限制转变为鼓励投资阶段。改革开放初期，由于国家缺乏外汇，对企业海外投资严格限制，随后政策由限制转变为鼓励：1997年召开的党的十五大指出"鼓励能够发挥我国比较优势的对外投资"。在"十五"规划中，党中央明确提出了"走出去"战略，鼓励中国企业进行跨国经营和投资的尝试。该阶段中国尚未进入WTO，尽管政府由限制转变为鼓励支持，中国对外直接投资处在起步阶段，投资项目较少，金额不大，发展较为缓慢。

2002—2006年，"走出去"初步推进阶段。2002年党的十六大提出实行"引进来"和"走出去"相结合的战略，支持企业对外直接投资。发改委将境外投资由审批转变为核准，为企业海外投资提供较大便利。这个时期"走出去"初步实施，对外直接投资有一定发展。2001年以后，由于中国进入WTO，出口快速发展，积累了一些外汇，企业用这些外汇在小范围内尝试一些投资。对外投资较前期提速、增速较快，投资项目增多，但项目较小，中国对外直接投资流量并不大。

2007—2011年，对外投资快速发展阶段。"走出去"得到继续贯彻，党的十七大提出"支持企业在研发、生产、销售等方面开展国际化经营"。WTO对中国经济产生巨大拉动作用，出口获得极大发展，顺差带来了大量外汇储备，为企业进行海外直接投资创造了便利。2009年外管局颁布了《境内机构境外直接投资外汇管理规定》，给予企业海外投资用汇较大便利。在此阶段，企业对外投资速度加快，投资范围扩展到更多的国家和地区，在世界范围内投资了一些金额较大的项目。

2012年至今，对外直接投资井喷阶段。政策方面，政府对企业海外投资支持力度继续加大。企业海外投资需要审核的制度被废除，取而代之的是备案为主的制度。此外，外汇管理部门对于企业用汇方面给予极大便利，企业投资自主性大大增强，投资效率极大提高。"一带一路"倡议以促进国际产能合作为重要目标，以中国企业对外直接投资为实施载体，有力推动企业对外投资。在本阶段，中国企业对外直接投资进入快车道，投资增速加快，对外直接投资流量大幅提高，投资范围覆盖全球，成为资本净输出国。

二、中国对外直接投资的现状

经过十余年发展，目前中国对外直接投资范围广、流量大、增速快。《2022年中国海外投资概览》显示，2022年中国全行业对外直接投资1465亿美元，同比增长0.9%，总体保持平稳。其中，投向批发和零售业、制造业以及租赁和商务服务业的投资增长较快，分别同比增长19.5%、17.4%以及5.8%。

随着国内营商环境不断优化，消费市场潜力巨大，外商来华投资兴业意愿较强。截至2022年上半年，外商直接投资存量达3.6万亿美元，较2012年末增长73%。由于中国对外直接投资起步晚，投资历程短，尽管目前存量在世界排名并不靠前，但也达到可观的规模，目前存量已达到日本投资存量规模的九成，法国的近八成。近年来中国投资发展迅猛，企业国际化经营步伐加快，中国在世界投资体系中将发挥越来越重要的作用。

目前中国对外直接投资存量和中国庞大的GDP相比，该比值仍然较小。根据联合国贸发会议关于对外直接投资的统计原则，衡量一国对外直接投资规模的指标是当年对外直接投资存量与GDP的比值（OFDI/CDP）。从OFDI/GDP的比值来看，尽管中国OFDI/GDP的数值并不高，但呈现持续快速增长态势。

中国对外直接投资进入对外净输出阶段，将持续快速发展。中国对外直接投资发展现状符合邓宁提出的对外投资周期理论，人均收入超过4750美元后，该国进入资本净输出阶段。目前，中国人均收入超过6000美元，对外直接投资快速发展，连续四年增速接近或超过15%，而吸引外资金额不断下滑，增速几乎停滞。2015年中国对外直接投资额超过了吸引外商投资额，成为资本净输出国。中国进入了对外投资周期理论的第四个阶段，对外直接投资将持续提速。"走出去"是引导中国对外直接投资的重要战略，中央提出要加快走出去的步伐；"一带一路"旨在引导多领域产业的国际产能合作，对外直接投资是产能合作的重要载体。

三、中国对外直接投资的特征

中国对外直接投资的特征比较明显：投资区位较集中，大部分投资集中在发展中国家和地区；投资的行业领域集中，相当比例的投资集中于能源或采矿业；投资主体以央企、国企为主，民营企业投资发展较快；绿地投资成为中国企业对外直接投资的主要形式。

（一）中国对外直接投资分布区域集中，对发展中国家和地区投资占较大比重

中国内地在亚洲的投资主要集中在中国香港地区，直接投资存量占比达近60%，对新加坡直接投资存量占比达2.9%。在拉丁美洲，主要集中于开曼群岛和英属维尔京群岛，中国对这两地投资存量占比分别为5.7%和4.7%。在欧洲，投资主要集中在荷兰、英国、俄罗斯，这三国占比分别为1.8%，1.5%和1.3%。中国对外直接投资主要集中于包括东盟以及拉丁美洲国家在内的发展中国家，在发达国家投资的比重不大[①]。

（二）中国对外直接投资遍布各个行业，集中于四大行业

中国对外直接投资遍布各个行业，行业分布呈现出集中于四大行业，其他行业均有涉足的特点。中国投资较为集中的行业是四个投资存量达到千亿以上的行业，分别是：租赁和商务服务业，4095.7亿美元，占中国对外直接投资存量的37.3%；金融业1596.6亿美元，占14.5%，采矿业1423.8亿美元，占13%，批发和零售业1219.4亿美元，占11.1%。四大行业占比合计达75.9%。其他行业情况为：制造业占7.2%，交通运输占3.6%，房地产业为3.1%，建筑业2.5%，电力、热力生产供应为1.4%。其中采矿业和电力、热力供应两者性质接近，均属于能源生产加工，占比合计达近15%，说明能源开采在我国对外直接投资中仍占有非常重要的地位；房地产业和建筑业则性质基本相同，属于房地产类别，占比合计近6%，且近年来该行业流量仍在不断扩大，反映了近年来中国房地产行业积极向外扩张。

从中国对各洲投资存量的行业分布来看，差异比较大。采矿业在大洋洲、欧洲、非洲是第一大行业，占比分别为57.9%，28.9%和27.5%；在拉丁美洲是第

[①] 康振宇.全球价值链下中国对外直接投资的贸易效应[M].北京：知识产权出版社，2017.

三大行业，占比达9.6%，而在北美洲和亚洲是第四大行业，占比分别为12.4%和9.3%。采矿业在各洲投资存量均占有较大比重，反映了中国在世界范围内获取资源的积极尝试和强烈的资源寻求性投资动机。租赁和商务服务业在亚洲、拉丁美洲是第一大行业，占比分别达43.1%和47.7%，接近区域投资存量的半壁江山；而在北美洲是第三大行业，为12.6%。金融业在各个洲都占有比较重要的位置，在北美洲、拉丁美洲、亚洲均为第二大行业，占比分别为23.3%、18.3%和13.4%。在欧洲和大洋洲是第三大投资行业，占比分别为18.3%和8%。制造业在北美洲是第一大投资行业，占比为23.4%，在欧洲是第二大投资行业，占比为19.2%。

从直接投资存量在各大洲的行业分布来看，存在明显的潜在风险。首先，中国在采矿业的潜在风险最大。中国在大洋洲的投资存量近六成集中在采矿业，在欧洲有近三成集中在采矿业，由于矿产能源在发达国家涉及国家安全，极为敏感，一旦发达国家以中国投资并购危害国家安全为由收紧政策，则中国投资将面临巨大风险。中国在非洲的矿业投资达到近三成，非洲多个国家政局不稳或受恐怖主义侵扰，中国在非洲的矿业投资也将遭受损失。由于采矿业投资的特点是资金量大，一旦投资受损，损失难以估量。此外，中国在金融业的投资也面临着较大的潜在风险。中国在亚洲、拉丁美洲投资中有较大比例集中在金融业，而这些地区绝大多数国家属于发展中国家，国内资本市场发育不健全，弊病丛生；世界经济不确定性和不稳定性将加剧这些地区的金融市场波动，中国在这些地区的金融行业有较大数额的投资存量，潜在风险极大。中国在欧洲、北美洲、大洋洲大比例投资于金融行业，发达国家金融行业复杂的衍生工具、强烈的投机性和剧烈的波动性，也将使中国投资遭受巨大的风险。

（三）国有企业仍是投资主体，投资主体更加多元化

中国对外直接投资蓬勃发展，在投资审批政策方面，给予了非国有企业投资主体更多的便利，促使投资主体趋于多元化。投资主体的多元化，反映企业对外直接投资的主体地位逐渐确立，对外投资效率更高，涉足的行业和领域更加多元化。从投资者的数量来看，投资主体多元化趋势更加明显。2022年1—9月，我国对外非金融类直接投资5671.9亿元人民币，同比增长8.5%（折合858.5亿美元，同比增长6.3%）。其中，流向租赁和商务服务业293.2亿美元，同比增长26.7%；

流向制造业、批发和零售业、建筑业等领域的投资也呈增长态势。对"一带一路"沿线国家非金融类直接投资156.5亿美元，同比增长5.2%，占同期总额的18.2%。

尽管国企数量不多，只有1100余家，仍占据近5000亿美金的投资存量。从规模上看，国有企业海外投资的单个项目金额较大，这是国有企业对外直接投资的一个特点。央企和国企在中国对外直接投资存量公司100强名单中占据79席，央企和国企的海外投资专注较大金额的项目。这是由于央企和国企在直接投资过程中在项目审批效率、银行贷款等多方面都享受很大便利，因此有较强的投资冲动涉足境外大型投资项目。非国有企业虽然投资主体数量众多，但是项目小，金额小，投资态度也更加审慎务实，投资策略更灵活多变。

中国进入资本净输出阶段后，更多数量的企业和更多元化的投资主体在世界范围内将进行直接投资。随着海外投资管理政策的放松，越来越多的规模相对较小的私营企业及股份制企业在世界范围内直接投资，获取品牌、技术、资源和市场，对外直接投资的企业数量将更多。短时期内国有企业的投资仍然占据较大比例。"一带一路"倡议的重要内容就是国际产能合作，这些项目涉及金额巨大，实力雄厚的央企和国企将成为投资主体，投资主体数量不会有明显增多，但国企投资仍将占投资流量和存量的较大比例。

（四）绿地投资日益成为中国对外直接投资的主要形式

中国企业对外直接投资更倾向于采用绿地投资的形式。中国绿地投资的快速发展的原因有两点：一方面由于中国企业为了从国外获取能源资源或寻求低劳动力成本，在东道国直接投资，创办工厂或加工制造企业；另一方面，"一带一路"倡议的推进，使多个国际产能合作项目落地，国内加工制造等过剩产能向沿线国家转移，中国企业投资基本都采取绿地投资的形式。

第三节 "一带一路"建设与中国对外直接投资的新方向

2014年12月9日召开的"2014年中央经济工作会议"指出，"准确把握经济发展新常态"。针对2014年中国对外投资规模接近引进外资规模的历史性变化，会议强调，"面对对外开放出现的新特点，必须更加积极地促进内需和外需平衡、进口和出口平衡、引进外资和对外投资平衡，逐步实现国际收支基本平衡，构建开放型经济新体制"。[①] 在此背景下，国家提出以"一带一路"为核心的对外投资新方向，这是中国对外开放政策的提升，有利于中国开放型经济新格局的进一步形成。

一、"一带一路"建设对相关国家的影响

（一）规模增加迅速

"一带一路"倡议提出后，中国对"一带一路"沿线国家的投资迅速增加。相关调查显示，截至2022年底，中国企业在"一带一路"沿线国家建设的境外经贸合作区累计投资达571.3亿美元，为当地创造了42.1万个就业岗位。真金白银的投入，给沿线国家带来了实实在在的收益。

（二）投资地点集中

截至2022年底，中国企业在"一带一路"沿线国家建设的境外经贸合作区累计投资达571.3亿美元，为当地创造了42.1万个就业岗位。真金白银的投入，给沿线国家带来了实实在在的收益。存量位列前10的国家是：新加坡、俄罗斯、印度尼西亚、哈萨克斯坦、老挝、阿联酋、缅甸、巴基斯坦、印度、柬埔寨。2015年，中国对"一带一路"沿线国家投资中流量位列前10的国家有：新加坡、俄罗斯、印度尼西亚、阿联酋、印度、土耳其、越南、老挝、马来西亚、柬埔寨。

（三）国营企业居多

由于目前中国对"一带一路"沿线国家的投资以桥梁、公共交通等基础设施居多，因此，从投资主体来说，国营企业占据了绝大部分，民营企业较少。

二、"一带一路"建设：中国对外投资的新方向

经济新常态下中国对外投资的新方向将对中国的整个对外开放格局产生重大影响。在此背景下，"一带一路"建设对于中国加强与周边国家的金融、贸易和投资合作，也将起到非常重要的引领作用。

[①] 中共中央.《2014年中央经济工作会议》，2014年12月9日。

2015年3月,国家发改委、外交部、商务部,联合发布了《推动共建丝绸之路经济带和21世纪海上丝绸之路的愿景与行动》(后文简称《愿景与行动》)。在《愿景与行动》所提出的"政策沟通、设施联通、贸易畅通、资金融通、民心相通"等五通中,"贸易畅通"和"资金融通"与中国企业对外直接投资的关联非常密切,是对外投资与金融发展和对外贸易协调互动的重要环节。

(一)"一带一路"建设中的投资贸易合作

《愿景与行动》在"贸易畅通"部分强调,"投资贸易合作是'一带一路'建设的重点内容。宜着力研究解决投资贸易便利化问题,消除投资和贸易壁垒,构建区域内和各国良好的营商环境,积极同沿线国家和地区共同商建自由贸易区,激发释放合作潜力,做大做好合作'蛋糕'"。"把投资和贸易有机结合起来,以投资带动贸易发展。加快投资便利化进程,消除投资壁垒。加强双边投资保护协定、避免双重征税协定磋商,保护投资者的合法权益。""探索投资合作新模式,鼓励合作建设境外经贸合作区、跨境经济合作区等各类产业园区,促进产业集群发展"。"鼓励本国企业参与沿线国家基础设施建设和产业投资。促进企业按属地化原则经营管理,积极帮助当地发展经济、增加就业、改善民生,主动承担社会责任,严格保护生物多样性和生态环境"。

(二)"一带一路"建设中的投资金融互动

《愿景与行动》在"资金融通"部分强调,资金融通是"一带一路"建设的重要支撑。深化金融合作,推进亚洲货币稳定体系、投融资体系和信用体系建设。扩大沿线国家双边本币互换、结算的范围和规模。推动亚洲债券市场的开放和发展。共同推进亚洲基础设施投资银行、金砖国家开发银行筹建,有关各方就建立上海合作组织融资机构开展磋商。加快丝路基金组建运营。深化中国—东盟银行联合体、上合组织银行联合体务实合作,以银团贷款、银行授信等方式开展多边金融合作。支持沿线国家政府和信用等级较高的企业以及金融机构在中国境内发行人民币债券。符合条件的中国境内金融机构和企业可以在境外发行人民币债券和外币债券,鼓励在沿线国家使用所筹,充分发挥丝路基金以及各国主权基金作用,引导商业性股权投资基金和社会资金共同参与"一带一路"重点项目建设。

第四章 "一带一路"背景下中国对外直接投资的风险防控

本章主要介绍"一带一路"背景下中国企业对外直接投资的风险分析、"一带一路"背景下中国企业对外直接投资风险防控存在的问题，以及"一带一路"背景下构建中国对外直接投资风险防控体系的对策。

第一节 "一带一路"背景下中国企业对外直接投资的风险分析

一、中国对外直接投资遭遇的主要风险及表现形式

中国企业在海外投资遭遇各种风险，表现形式也多种多样。本节对中国企业遭遇的主要风险及其表现形式进行述评，主要分为政治风险、经济风险和社会风险三种风险形式。

（一）政治风险及主要表现形式

政治风险是中国企业对外直接投资遭遇的主要风险。政治风险指由于东道国政治环境发生剧烈变化，东道国爆发战争、区域冲突等引发的风险。目前，中国对外直接投资遍布全球，在不同国家遭遇的政治风险具有不同的表现形式：政治风险在发展中国家主要表现为战争和社会动乱、政局不稳等；在发达国家，政治风险集中表现为区别性干预风险，政策变动风险和国有化风险。本部分对中国企业对外直接投资遭遇的政治风险的主要表现形式进行概述。

1. 战争和内乱险

战争和内乱险是指东道国政局动荡、民族或宗派冲突，恐怖袭击，国内爆发

战争、革命或骚乱，使外商投资企业难以正常生产经营。战争和内乱险是对外商投资影响最大的政治风险形式，对海外投资带来摧毁性的破坏，具有突发性强、破坏性大的特点，是政治风险诸多形式中破坏力最强的一种风险。目前中国企业投资的区域集中在发展中国家，战争和内乱险在这些国家和地区频频爆发，使中国企业的海外投资遭受巨大风险。

目前在西亚、北非的多个国家，包括伊拉克、叙利亚、也门等国仍在大范围内爆发战争，战争对于这些区域内的外资造成了毁灭性的打击，战争冲突给中国企业的投资带来难以估量的损失。2008年中国中冶拿下阿富汗艾娜克项目，由于阿富汗国内战争不断，政治局势动荡，导致该项目无法按照协议规定的时间开发，无限期搁置。2011年利比亚爆发内战，导致我国在利比亚大量在建工程被迫终止，损失超过数十亿元。其中大型项目包括：中铁建筑在利比亚的三个工程，未完成合同金额达35.51亿美元；中国一冶集团在利比亚两个项目未完成金额为51.51亿元。

恐怖袭击主要是恐怖组织在世界范围内发动的大规模杀伤性暴力袭击。中国企业在世界投资区域越来越广，企业和员工遭到恐怖分子袭击和劫持的事件时有发生，给正常生产经营造成极大破坏。2004年多名工程师在巴基斯坦瓜达尔港被汽车炸弹袭击，造成多人伤亡。2007年，一家中国石油企业在埃塞俄比亚境内遭到恐怖分子袭击，多人伤亡。

由于东道国国内政治经济局面混乱而引发社会秩序失控。暴徒往往对外国企业设备打砸，破坏正常生产经营。2011年哈萨克斯坦发生石油工人引发的大规模骚乱，中国在该国的石油开发企业受到一定程度冲击，生产被迫中断。2014年越南境内发生大规模骚乱，针对中国企业打砸抢烧，39家在越南投资的中国企业受到损失，损失数以亿计。

2. 国有化风险

国有化风险是指东道国采用征用或极低价格赎买的方式，将外国投资者的全部资产或部分资产收归东道国政府所有的风险。国有化风险是对外直接投资主要政治风险，对外商企业的利益造成巨大损失。目前世界经济缺乏增长动能，很多发展中国家出台国有化政策，侵占或低价赎买外国资产。中国在拉丁美洲、非洲等发展中国家有大量投资，这些国家是国有化风险高发的地区，中国企业在这些区域的投资将受到较大影响。

国有化风险典型的方式是直接国有化，即将外国资产直接收归国有，东道国政府通过外资政策或相关法律的变更就直接将外国投资者的资产侵吞。这种方式非常直接，对外商利益损害极大。直接国有化的风险主要集中在拉丁美洲、非洲一些政局不稳的国家。中国企业频频遭遇此类风险。例如，2007年，厄瓜多尔政府突然宣布国有化措施，中国央企在厄瓜多尔投资的能源项目被厄瓜多尔政府突然收归国有，中国企业遭受巨大损失。

蚕食式征用风险是国有化风险的另一种形式，目前对中国投资的影响日趋增大。东道国侵吞外国资产不再是直接的、一次性的，而是采取隐蔽的方式进行侵吞。在非洲很多国家，政府职能部门频频对中国投资企业进行包括卫生、生产安全、走私等各种检查，并以各种名目进行处罚和制裁，对外商资产进行蚕食。通过征收高昂税费使外商投资者难以获利也属于蚕食式风险。蚕食式风险主要集中在非洲。

3. 区别性干预风险

区别性干预风险是指东道国为了维护本国的利益，在法律和政策上对外商投资企业进行歧视或干扰外商在东道国正常经营范围内的投资。发达国家对一些中国企业正常的并购投资也进行阻挠和拖延，出面干预的多是发达国家的议员、政党领袖，干预的理由往往是中国投资威胁到"国家安全"等政治原因，而非商业问题。

目前，中国企业海外直接投资的行为主体以国企居多，而一些发达国家对中国国企存在严重的先入为主的偏见，认为国企投资并非以盈利为最终目的，而是完成国家意志为动机，对具有国企背景的投资并购进行极为严格甚至苛刻的审查和阻挠；发达国家投资审批机构对中国国企和央企发起的投资并购在审查时，采取拖延、阻挠等多种干预措施，往往导致投资并购以失败而告终。

近年来，区别性干预风险最突出的表现是以"国家安全"之名进行苛刻的外资投资审查。据联合国贸发会议的统计，过去十年，基于国家安全的审查或政府直接干预大大增加。国家安全的概念涉及的范围非常广，包括公共安全、战略性行业的利益、领土完整、政府采购和恐怖主义相关等方面。由于涉及领域过于宽泛，国家安全成为发达国家对中国海外投资干预或阻碍频繁使用的一个借口，给中国企业海外投资并购造成巨大风险。

中国企业海外投资遭遇区别性干预的案例日渐增多，大多发生在发达国家：2005年中海油尝试收购美国优尼科石油公司，由于美国联邦贸易委员会的干预，认为该项并购"危害国家安全"导致中海油并购失败。2009年中铝集团尝试并购力拓公司，但由于澳方认为中国收购会威胁本国安全以及中铝的国有企业身份等政治因素最终导致收购失败。2009年，中国有色矿业公司尝试收购澳大利亚稀土Lynas公司51%的股份，但澳大利亚政府认为有色矿业属于国有企业，对并购申请驳回，不同意收购超过50%的股份，最终导致并购失败。

（二）经济风险及主要表现形式

经济风险是中国企业海外直接投资中遭遇的主要风险形式之一。经济风险是指由于世界经济的波动或东道国自身经济出现问题引发的宏观经济波动。短时期内金融市场剧烈波动，以及东道国债务负担过重引发的系统性风险或区域性风险，将给中国在东道国的资产造成巨大损失。经济风险的主要表现形式有：宏观经济风险、金融风险和债务风险。发达国家的主要经济风险是金融风险和宏观经济风险，而发展中国家的主要经济风险是宏观经济风险和债务风险。

1. 宏观经济风险

宏观经济风险是由于东道国的经济发展状况、国际收支、本国债务等国内因素带来的风险，以及世界经济的变化给中国企业对外直接投资带来的系统性风险。宏观经济风险是东道国经济风险中最主要的风险形式。受全球化的影响，一国的经济状况受到世界宏观经济局势影响越来越大，经济的波动性也越剧烈，对投资企业的影响也更大。

经济波动风险是宏观经济风险诸多风险形式中影响最大的。经济增速是多数东道国关注的重要指标，东道国经济增长放缓或负增长，将会产生系统性风险：东道国失业率激增，物价大幅上涨，利率和汇率剧烈波动，商业景气下降等诸多结果。这些不利因素都会给中国对外直接投资带来负面影响。2008年金融危机以来，世界主要经济体除美国外，多数仍未从金融危机中恢复，经济增速较慢，一些发展中国家甚至出现严重的经济衰退。巴西、俄罗斯、乌克兰等国增速较低或负增长，这些国家经济波动非常剧烈，出现严重的通货膨胀和本币大幅贬值。中国企业在上述国家的铁矿石、能源领域拥有大规模的直接投资存量，东道国经济波动风险使中国企业的投资收益遭受巨大损失。

东道国通胀率也是宏观经济风险中影响较大的风险形式。东道国央行或货币管理局的管控能力直接影响东道国的通胀率。东道国通胀率过高或发生恶性通胀，将给外商投资造成巨大的风险：中国企业在东道国投资，兑换本币后，东道国发生大幅通胀，造成账面资本大幅贬值；用于购买设备、雇佣工人等多方面支出会大幅增加，给企业带来巨大损失。通胀率的高低主要和东道国的货币发行数量、速度以及央行货币政策的稳健性有密切关系。发达国家和发展中国家在这方面存在着较大差异：由于发达国家的货币政策体系较为成熟，央行控制通胀能力较强，通胀率往往较为温和，控制在3%以内（由于近年来发达经济体经济乏力，通胀率往往低于3%，甚至出现了通缩）。因此，发达国家的通胀预期也比较稳定，给外国投资者创造一个可预期的通胀率，宏观经济风险较小，外国投资者的投资不会因此受到损失。而一些亚洲国家和一些非洲国家，货币当局执行货币政策的效果较差，本国控制通胀的能力较弱，通胀率始终高企，造成巨大的通货膨胀风险。

失业率是宏观经济风险的一种重要风险形式。东道国失业率的高低也是判断东道国风险的一个重要指标。如果失业率长期高企，东道国的宏观经济难以保持稳定，这对中国投资将产生巨大的风险。国际金融危机以后，发达国家的失业率逐渐降低，维持在一个较稳定的水平。发展中国家的失业率相对较高，特别是一些非洲国家，失业率长期维持在10%以上，高企的失业率使东道国的宏观经济风险急剧增加。失业工人就会攻击中国的在建项目，甚至发生骚乱，给中国投资造成巨大损失。

2. 金融风险

金融风险是全球金融市场或东道国金融市场的波动而引发的海外投资的资产缩水，是一种常见的经济风险形式。金融风险主要包括汇率风险和金融市场风险。中国对外投资的企业都要遭遇汇率波动的风险，而从事金融类投资的中国企业还将面对金融市场风险。

汇率风险是指海外投资的中国企业进入东道国后，将本币兑换成外币进行投资，由于东道国货币贬值，而造成的企业资产受到的损失。对外直接投资是一种长周期的投资形式，复杂多变的世界经济形势造成外汇市场的剧烈波动。目前很多国家采取本币钉住美元的汇率制度。随着美国经济强劲复苏，大量资本回流美国，美元持续走强，大多数国家本币汇率下跌，大量发展中国家货币出现严重贬值，给中国在这些国家投资的项目和资产造成巨大损失。东道国本币贬值会引起政府严控外国资本流出，短时期内货币的持续贬值，资产又不能汇出东道国，中国企业的损失将极为惨重。东道国自身金融稳定性差也会引起汇率风险。具有代表性的是拉丁美洲。20世纪80年代以来，拉丁美洲先后四次爆发区域性的金融危机，引发了本币的大幅贬值。2008年国际金融危机，拉美地区更是首当其冲。金融监管当局管理水平的低下和自身金融系统的不稳定，是拉丁美洲频繁爆发金融危机的重要原因。每次金融危机都会导致大幅的货币贬值，拉美国家采取严格的外汇管理制度，外汇短期内难以大量流出，货币发生大幅贬值后，在拉美投资的中国企业将承受巨大的资产损失。

2014年哈萨克斯坦坚戈贬值是汇率风险引发的中国企业资产大幅受损的一个典型案例。由于哈萨克斯坦蕴藏丰富的能源资源，中国企业在哈萨克斯坦投资多个项目进行天然气、石油开发。哈萨克斯坦法律规定，外商在哈萨克斯坦投资设厂必须将资金兑换成本币坚戈，坚戈是外商资本金账户的使用货币。2014年2月11日，哈萨克斯坦央行突然宣布将美元兑坚戈的汇率水平从1：150调整到1：185，本币贬值幅度达到近20%。坚戈兑美元大幅贬值，使中国企业投资的资本金以及多项以坚戈计价的能源开发收入大幅缩水。造成哈萨克斯坦央行主动贬值坚戈的原因是美联储加息，全球资金向美国大幅回流，本币贬值能降低资金撤出本国的幅度。东道国央行主动促使本币贬值时有发生，给海外投资的中国企业资产造成巨大损失。

金融市场风险主要是指中国金融类直接投资企业对欧美企业进行股权投资遭受的风险。由于中国企业在海外股权收购方面欠缺经验，在投资收购过程中，信息搜集不完全。结果造成严重的信息不对称。欧美金融市场经过几百年的发展，市场非常自由，成熟度高，但市场波动程度也较国内激烈得多。欧美大型金融企业股权结构复杂，企业内部的资产结构也非常多样，资产质量良莠不齐，给缺乏经验的中国企业带来极大挑战。国际金融危机以来，很多企业的股本价格大幅下降，中国金融类企业认为是进行股权投资的好机会，但市场并未企稳"二次探底"，使中国企业蒙受巨额亏损。

中国金融企业遭受的国外金融市场风险也不胜枚举。中投公司尽管是中国的主权财富基金，但在成立之初，由于投资经验匮乏，投资屡屡受挫。2007年5月，中投公司斥资30亿美元收购美国黑石公司10%的股份，黑石公司上市后股价持续走低，到2010年7月，中投亏损比例达近70%。后来中投公司又对美国摩根史丹利、澳大利亚Goodman Group等欧美公司进行股权投资，但都遭受了巨大损失。2007年11月，中国平安以196亿购入富通集团约4.18%的股份，后又增持至4.99%，累计投资额达238亿元人民币，成为富通集团的第一大股东。但是由于在投资过程中过于仓促以及信息不对称的原因，平安并未发现富通集团购买了美国大量次级债。在2008年金融危机爆发后，富通集团股价大幅下跌，面临破产，中国平安的投资损失达到近95%。

3. 债务风险

债务风险也是东道国经济风险的一种形式。由于很多国家公共部门和居民都秉承"高借贷、低储蓄"的原则，公共部门、私人部门的债务水平都较高，并从国外大量借贷，形成大量外债。如果这些债务的规模和比率控制在合理水平之内，不会影响外资。如果债务规模过大，东道国难以到期偿还债务，就会爆发债务风险。发达国家为了应对债务危机，会大量印制货币，给投资的中资企业带来很大风险。对于从事工程和生产的中资企业来说，债务风险会造成设备原料成本上升，销售困难，经营难度大大增加。对于金融类直接投资企业，债务风险会造成资产价值大幅缩水。发展中国家控制和应对债务风险的能力较弱，往往会出现政府直接违约，汇率大跌，本币严重贬值，金融体系崩溃的局面。发生债务风险的东道国对中国企业的直接投资将造成极大的风险。

2008年由于希腊债务危机，希腊政府违约。为了应对债务危机，希腊新政府取消向中国远洋运输（集团）总公司出售比雷埃夫斯港控股权招标。中国中远集团已在此项目收购上投入约30亿美元，债务危机引发的一系列连锁反应给中资企业造成巨大损失。

（三）社会风险及主要表现形式

社会风险主要指中国企业在国外某项举措引发的东道国民众对中国投资项目反对或爆发更激烈反应，使中国投资受损；或由于东道国某项措施引发民众对中国投资的破坏，使中国企业的海外资产受损的一种风险。不同于政治风险和经济风险的宏观性和系统性,社会风险是微观层面的风险,破坏性和影响性也不及政治风险和经济风险。但如果处理不当,可能会引发影响更大的风险。社会风险的主要表现形式包括环境风险、企业责任缺失引发的风险和社会治安风险。社会风险是近年来中国企业海外投资频频遭遇的一种风险。

1. 环境风险

环境风险是中国企业在东道国投资的项目由于环保原因,造成东道国环境破坏,危害东道国民众的利益,而使东道国民众对中国企业抵制所引发的风险。东道国对于引进外资项目的环境保护方面的内容越来越重视,而部分中国企业由于对东道国环保法律法规不了解,在投资过程中触碰了红线,引发民众的不满,项目被迫中止,造成惨重损失。

为了获取国外矿产资源,中国企业海外直接投资较大比例集中于矿产资源开发行业。在六大洲的投资行业分布中,采矿业投资占比均居前列,在欧洲、非洲、大洋洲更是占比最大的行业。采矿业本身就是环境风险高发的领域,欧洲、大洋洲、美洲的东道国多是发达国家,这些东道国环保标准均高于国内的标准。中国对东道国的环保法规了解不足,在矿产开发过程中往往存在问题,容易引发环保风险。轻则被东道国环保部门罚款,重则项目被中止,造成巨大损失。

近年来,中国企业海外投资遭遇环境风险多爆发在发展中国家。因为这些国家缺乏合规的应对机制,一旦出现问题,矛盾短时期内迅速激化,给中国企业的海外投资造成极大损失。2010年,中国冶金集团在巴布亚新几内亚投资开发的镍矿项目出现严重环保问题,由于尾渣深海填埋系统的处理工艺技术达不到当地环保标准,又产生环保隐患,被巴布亚新几内亚政府诉诸法律,遭遇巨额赔偿,损失惨重。

2. 社会责任缺失导致的风险

社会责任缺失导致的风险主要指个别中国企业在海外投资过程中忽视东道国的劳工保障、社区服务等方面责任,过分关注经济效益而引发的东道国民众对中国企业的反感情绪,对中国企业投资的项目抵触甚至破坏,使中国企业蒙受巨大风险。社会责任缺失导致的风险更多集中在发展中国家,因为发展中国家在社会责任方面没有明确的法律规定,部分企业在海外投资过程中社会责任意识淡漠,经营行为完全以利益最大化为导向,积累矛盾过多从而引发风险的大爆发。

最典型的风险形式是劳工保障和东道国民众就业机会引发的问题。非洲、拉丁美洲国家尽管经济状况不及中国，由于这些国家曾是欧美国家的殖民地，劳工保障意识深入人心，员工自身的维权意识也很强。个别中国企业在劳工保障方面的缺失容易引发东道国员工对抗情绪，甚至发生罢工的风险。此外，中国企业在安排东道国民众就业方面也容易出现问题。中国员工工作效率高，工作纪律执行得严，工程进度有保障，中国企业在国内已经适应了中国员工的高效率，所以其在海外项目中仍倾向于雇佣中国员工去完成海外项目，这就使部分东道国人员丧失了来中国企业就业的机会。还有一种情况，中国企业在海外投资起初雇佣大量东道国员工，经过一段时间的使用后，发现东道国员工难以管理，工作效率低下，就将这些人解聘，用国内工人取而代之。很多发展中国家经济水平不高，国内存在大量失业的劳动力，凭其自身能力难以安排国内大量的劳动资源。个别中国企业到东道国投资，利用别国的土地、水和其他资源，却不使用当地的劳工，极易引发东道国失业劳工的反对，严重的话，出现针对中国企业的骚乱，对中国企业在东道国的工厂和资产进行破坏。

3. 社会治安风险

社会治安风险是指由于东道国的社会管理能力较弱，导致恶性犯罪率高，治安状况差，使中国企业的员工和资产在东道国暴露于风险之下。社会治安风险高和东道国枪械管理松散，抢劫、杀人等恶性犯罪频发有直接的联系。社会治安风险多发生在非洲、亚洲、拉丁美洲的一些发展中国家。这些国家由于政府管理能力较弱，社会上存在大量的犯罪团伙，特别是毒品犯罪集团、抢劫犯罪集团，这些犯罪集团拥有大量枪械，使东道国恶性杀人事件时有发生，造成较大的社会治安风险。作为反映东道国社会治安状况的重要指标——每十万人谋杀犯罪率，哥伦比亚、委内瑞拉和南非的该指标均接近40，巴西接近30，哈萨克斯坦和蒙古均超过10，而新加坡、日本等发达国家该指标不足1。这些国家均是中国对外直接投资存量较大的国家，中国海外投资企业在上述发展中国家面对非常大的社会治安风险。

造成部分发展中国家的社会治安风险大的原因是多方面的，主要原因还在于东道国打击犯罪力度不够，社会组织不成熟，容易爆发恶性抢劫、杀人事件。中国企业在南非频频遭遇抢劫，匪徒往往持枪抢劫，员工的生命和企业财产得不到保障，企业的正常生产经营遭到极大破坏。已经有多个中资企业因为不堪忍受南非国内严重的社会治安问题而撤资。而中国在拉美地区的重点投资国巴西也存在类似的问题。巴西的社会治安状况非常糟糕，国内黑帮林立，近年来随着中国企业在巴西投资办厂的增多，黑帮将中国企业作为抢劫的重点。已经出现多次巴西犯罪分子对中国企业的工人进行抢劫，甚至进入厂区进行抢劫的事件，给中国企业造成巨大损失。社会治安风险从危害程度上虽然不及其他风险形式，但由于海外直接投资是一个周期较长的过程，治安问题持续影响项目的运行也会给中国企业带来较大的风险。

二、中国对外直接投资风险的成因分析

在海外直接投资的中国企业遭遇的风险主要包括政治风险、经济风险和社会风险，而引发各种风险的原因多种多样，有宏观环境方面的原因，也有企业自身的原因。对于中国企业对外投资风险的成因进行深入分析，有利于量化评估中国企业的风险，有助于更有针对性地预防和控制风险。本节对中国企业遭遇的政治风险、经济风险和社会风险的主要成因进行分析。

（一）政治风险主要成因

政治风险的成因较为复杂，主要包括宏观方面和微观方面的成因。宏观方面的成因主要是世界范围内政治摩擦、军事冲突、大国关系等因素相互影响而产生的，也包括东道国自身的政治制度、措施和改革；微观层面的成因主要是中国企业的生产决策与东道国的政策存在一定的矛盾。

1. 国际宏观环境

国际宏观环境一直以来是引发政治风险的重要成因。世界政治、经济、军事等方面的变化都会引发东道国政治风险。进入 21 世纪以来，世界政治经济局面发生了非常大变化，从多个方面引发政治风险。世界政治局势发生重大变革，美国、欧洲一些国家的右倾势力通过选举上台，在世界范围内推行极端的政治政策，给世界政治局势造成消极影响。西亚北非多国爆发"颜色革命"，现政权被推翻，新生政权并不稳固，反对派和执政党的冲突频繁，在一些国家和地区仍然存在着激烈的武装冲突。在叙利亚、阿富汗等国，区域战争不断发生，人民流离失所，

正常的生产生活难以开展。以美国为首的西方国家，建立TPP、TTIP、日欧自贸协定等双边区域贸易协定，试图将WTO这个多边贸易协定边缘化，其目的就是为了在国际贸易和国际投资领域对中国企业进行遏制和边缘化。而地区一体化的成员国必须对相应的政策进行一定幅度的调整，对国内相关政策进行改变，甚至需要放弃一部分国内政策。这些国际宏观环境的变化都成为引发东道国政治风险的因素，对中国企业在海外投资的项目产生消极影响。

2. 东道国因素

东道国因素主要是指中国企业投资的东道国政治环境发生变化，对中国企业的投资或投资决策可能引起的政治方面的不确定性。第一个因素是东道国政治局面发生较大变化，包括政治制度的变动，执政党突然下台、军政府接管政府等。东道国的稳定程度是决定东道国政治风险的最大因素，一旦发生东道国新旧政治势力的冲突，中国企业的海外投资项目往往会受到严重的冲击。第二个因素是东道国政权更迭带来的政策变化。新旧政治势力往往采用截然相反的政策主张，政策的稳定性对于投资企业来说非常重要，政策朝令夕改，也成为影响中国企业海外投资的一种政治风险。第三个因素是东道国各个政治群体和派系的争斗。无论是发达国家和发展中国家，政府内外都存在着持不同政见的派系，各派系出于自身的政治利益，出现不断地争夺，派系斗争轻则会引起政策变动，如果严重可能引发社会冲突，政府垮台。这些都成为造成东道国政治风险的因素。第四个因素是宗教和民族主义因素。在一些国家，宗教势力对政治生活影响非常大，宗教内部的派系斗争甚至会引起两个国家的紧张关系甚至引发战争。

3. 企业的投资战略与东道国政策存在偏差

企业的投资战略与东道国政策存在摩擦，也会使海外投资企业遭遇风险。海外投资企业的战略主要分为：资源获取型战略，通过投资获得东道国的能源资源；市场获取型战略，通过直接投资，在东道国直接开办工厂，绕过东道国的关税和贸易壁垒，占领东道国的市场；产业转移型战略，通过向东道国投资，将成熟的产业和生产线转移至国外，促进国内产业的优化升级。各个东道国的政策存在差别，市场开放程度也存在着较大差别，部分发展中国家的市场开放程度较低，政策风向偏紧。海外投资可能会冲击东道国的民族产业，也可能会损害某些利益集团的利益。一旦发生海外投资与东道国的政策相抵触，东道国或利益集团将会利用各种手段,甚至不惜调整国家产业政策,这将会对海外投资造成巨大的风险。

(二)经济风险主要成因

海外投资遭遇的经济风险包括外生的和内生的风险。外生风险主要是指由于东道国经济政策引发的,具有较强的宏观性,这部分风险难以预测也难于防范,本书不对这部分风险进行重点关注。内生性风险主要包括金融风险,它有较强的内生性。金融风险包括外汇风险和企业在海外的融资风险。引发外汇风险的因素包括汇率波动对海外投资企业在资金使用、利润汇出等方面的不确定性影响,也包括和东道国外汇管理体制造成的消极影响。中国企业海外融资风险主要受到国内严格的审批制度的约束和影响。

1. 东道国汇率剧烈波动对企业的影响

美元进入加息周期后,世界多个国家的货币出现不同程度的贬值。由于多个国家实行锚住美元的汇率制度,东道国的汇率会出现不同程度的波动。如果企业投资的东道国是发展中国家,经济体量有限,容易受到美元波动的影响,就会造成了人民币兑换成本币后,容易产生贬值的风险。这种风险对于海外投资的中国企业而言,是难以避免的。此外,多个东道国的货币当局对本国货币的控制能力有限,外汇储备不足,容易出现国际货币炒家对东道国货币进行套利的行为,短期造成东道国汇率大跌,这也是造成中国海外投资企业遭遇外汇风险的重要因素。一些东道国的金融稳定性不高,出现经常账户和资本账户的双逆差,易发生汇率大幅跳水,给企业在当地的资产和收益造成巨大的损失。一些企业在泰国、印度尼西亚和一些非洲国家的投资,均因本币的大幅贬值而使投资收益大幅缩水,甚至出现亏损。

2. 东道国外汇管控政策

东道国实行严格的外汇管控政策是造成外汇风险的一个重要因素。出于对本国货币控盘的考虑,一些发展中国家实行非常严格的外汇管制措施,防止外汇大进大出。这也是外汇风险的一个重要因素。

3. 中国企业在国外融资受到较多限制

外管局对于中国企业进行国际融资进行了严格的限制,这也是造成外汇风险的重要因素之一。由于相关政策仍然较为严格,如果中国企业进行国际融资,并将其用于对外直接投资，这部分业务必须经过外管局和发改委的批准。境外中资企业在国外贷款，如果向国内企业、金融部门寻求担保，仍然需要当地外管局和国家外管局的审批。审批流程和手续较为烦琐，耗时较长，存在较多限制，一定程度上限制了中国企业在国外投资规模的扩张。目前对于中国企业海外融资方面的诸多限制，使中国企业在国外市场上的融资效率和融资效果大打折扣，提高了企业的融资成本，是造成企业外汇风险的重要因素。

（三）社会风险主要成因

海外投资的中国企业遭遇社会风险的原因较为复杂，其中主要包括跨文化差异造成的风险、中外沟通方式不同和商业习惯差异所造成的风险、中国企业与东道国各阶层沟通差异而产生的风险等。

1. 跨文化差异

民族文化差异是中国企业对外直接投资过程中跨文化差异中较为普遍的一个表现形式。进入东道国投资经营的中国籍员工，面对较为陌生的东道国文化，容易产生民族文化差异的风险。优越感强的经营管理人员往往采取粗暴的、专横的管理和沟通方式，容易滋生投资管理层和外国执行层面的文化摩擦和文化风险。

而经营者和管理者存在文化自卑感，盲目丧失自信时，往往不敢和外国企业的经营人员和员工过多沟通。如果发生双方理念差异，则盲目退让或妥协，导致企业经营风险增大。持有民族文化自卑感的经营人员往往缺乏主动性和灵活性，生搬硬套东道国的管理模式和决策程序，与母公司缺乏沟通和协调，并不能真正适应当地文化，也容易和母公司的宏观目标发生冲突，从而使企业投资的项目承受较大的风险。

不同文化引起的差异，也会引起管理思维差异而引发风险。企业经营人员在海外投资的子公司多是决策层，而东道国员工多是执行层面。由于民族文化和东道国文化存在差异，在管理思维上也存在着差异。美国的管理思维中，不按照员工的资历而是倾向于提拔有能力的青年员工，偏重于开拓精神。而在非洲、中亚、东南亚等国家的管理思维中，更加注重管理员工的资历和协调组织能力，而不太愿意提拔过于年轻的员工。中国企业的管理思维则处于这两个思维范围之间。如果简单以投资企业传统的管理思维进行决策和管理，容易引发管理方面的风险。

2. 沟通方式和商务习惯差异

在跨文化经营过程中，企业经营层面往往和东道国在沟通方式和商务习惯上存在着较大差异，容易引发风险。首先，在海外投资的企业决策层和经营层，与东道国员工在使用语言、交换信息、谈判决策等方面是基于不同语言和文化习惯，尽管有翻译，但难免还是会出现一定的误解，甚至是摩擦。由于文化和价值观等多方面的差异，沟通效果往往大打折扣，政策在执行过程中的效果会受到影响。这种影响在最初是隐性的，而非显性的，给企业的生产经营造成较大的风险。

此外，如果海外投资企业决策层对不同文化背景的商业惯例和商业禁忌并不熟悉，这在一定程度上也会产生风险。在海外投资项目的采购、建设和销售过程中，经营决策层需要和多种商业文化背景的商业伙伴进行商务谈判、签订合同。如果缺乏海外投资的经验，不熟悉商业惯例，容易在不经意间对外国商人冒犯，对项目产生一定的风险。

3. 海外投资企业与东道国各阶层的关系不和谐

海外投资企业由于社会、文化、经济利益等多重因素，出现和东道国各阶层的矛盾和摩擦，是引发社会风险的一个重要因素。海外投资是以经济利润为首要目的，如果企业把经济利润当作唯一目标，忽略了企业应尽的责任和义务，容易引发东道国政府、民众和非政府组织的不满，甚至是冲突。

三、中国企业对外直接投资遭遇风险典型案例分析

本节选取了三个典型案例：中铝投资并购力拓失败案和中国平安保险公司投资富通银行失败案。通过这两个典型案例来深入分析中国企业在海外遭遇的主要风险形式，为后续章节防控各种风险提供便利。

（一）典型政治风险案例——中铝投资并购力拓失败案

1. 案例回顾

近年来，中国企业频频在海外资源领域投资并购，但失败案例较多，多数是由政治因素引发的。中国铝业公司并购力拓集团失败案是非常具有代表性的典型案例，反映出东道国的政治风险是影响中国海外投资的重要因素。

力拓集团是世界知名三大铁矿石供应商之一，总部设在英国，在澳大利亚有

近一半的业务。力拓集团的业务包括铜、铝、钻石、黄金等多种矿产资源的开采开发。由于受到2008年全球金融危机的影响，力拓集团向海外投资者提出了并购要约。中国铝业公司对该业务很有兴趣，积极准备并购力拓集团。中铝经过多年跨国经营，积累了充足的外汇，在全球铝生产领域名列前茅，具备相当的实力。同时参与并购的竞价方还有必和必拓公司，世界第二大矿业集团公司。

2008年2月，中国铝业对力拓的并购取得了积极进展：双方发布声明，达成合作协议。由中铝向力拓支付123亿美元，用于收购力拓矿业的股权，另外72亿美元通过证券方式支付，合计金额为195亿美元。完成交易后，中铝持股力拓的比例接近20%，成为力拓集团的大股东。但这项交易的完成需要经过包括力拓集团董事会、中国、澳大利亚等国多个监管机构的批准。

这项并购从最初就受到澳大利亚国内政治因素的干扰和影响。路透社一项民意调查显示：过半数的澳大利亚民众认为中国并购力拓公司，侵犯了澳大利亚矿产资源的国家利益，应当进行抵制。多个澳大利亚媒体和议员大肆渲染中国铝业的央企背景，认为中铝的并购行为不是企业行为，而是背后隐藏的中国政府意志，目的是在铁矿石价格低的时候进行并购来进一步掌握话语权。中铝并购力拓成功必将损害澳大利亚的国家利益，该项交易必须终止。这些政治因素对于并购交易产生了直接的影响：澳方的审查机构认为中铝具备国有企业背景，并购带有强烈的政府意志，将审查时间延长90天。正是在这90天内，力拓集团又和必和必拓集团达成合作协议。最终，中铝投资并购力拓由于东道国的政治因素而导致失败，中铝受到巨大损失。

2. 案例分析

该案例是一宗非常典型的由于东道国政治风险而导致中国企业投资失败的案例。尽管该项目从商业角度来看是正常的并购项目，但由于该项目涉及重要矿山资源，且金额巨大，容易受到资源民族主义的影响。资源民族主义对于外资进入东道国矿业采取盲目抵制的态度，在并购的事前、事中甚至事后都会产生非常消极的影响。由于矿产资源的特殊性和重要性，国际上鼓吹的一些对中国的一些负面影响甚嚣尘上，导致了规模较大的矿产并购都会受到资源民族主义的影响，为普通的商业并购增添浓重的政治色彩，最终导致并购失败，这是目前我国资源型企业海外投资面临的最主要风险。

中国铝业公司并购失败的另外的一个原因就是它的国有企业背景，这导致了在并购过程中受到国外投资委员会的苛刻审查，甚至会以"威胁国家安全"为由拒绝。中国铝业是大型央企，实力雄厚，而国外的大企业大多是私营性质。中国铝业的国资背景在国外被认为投资动机不是纯粹从商业角度出发，包含强烈的政治动机。因此在对这种中国国企背景的并购项目审查时，国外审查机构往往从非经济因素角度考量，以"威胁国家安全"为由，拒绝或限制中国企业的投资项目，该案例就是典型的区别性干预风险。

政治风险是目前中国企业对外直接投资遭遇的主要风险。政治局势动荡、战争和恐怖袭击多、地缘政治冲突等多发生在发展中国家；而资源民族主义、外资政策剧烈变动、外商投资严格审查等区别性干预风险多发生在发达国家。

（二）典型经济风险案例——中国平安保险公司投资富通银行失败案

1. 案例回顾

随着中国金融企业实力的壮大，金融类直接投资也得到较快发展。中国平安保险公司是近年来中国保险业发展最快，实力最强的企业。它组建具有国际化背景的高管团队，在国内外进行多宗金融并购。平安保险在海外积极展开并购，2007年对富通银行表示出投资意向，并逐步完成了投资。由于国际金融危机的影响，富通银行的股价持续走低。尽管富通银行参与了荷兰银行收购，但仍然难以扭转股价持续走低的颓势。平安银行在等待了几个月后，认为股价已经超跌，投资时机到来。2007年11月底时，平安银行斥资近20亿欧元收购了富通银行9.5亿股股份。一方面由于2008年国际金融危机影响巨大，造成欧美金融市场的大幅下挫，富通银行也深受影响。另一方面，由于平安银行在这次收购中对于富通银行的资产结构中的大量次级债缺乏了解，严重的信息不对称使平安银行低估了次级债券对于富通银行股价的影响。平安银行收购富通银行股票后，股票持续下降，平安银行竟然还进行了增持以降低成本。截至2009年2月，平安银行因投资富通银行合计亏损200亿元，投资彻底失败。

2. 案例分析

中国平安收购富通银行失败案是一宗由经济风险导致中国金融类企业对外直接投资失败的典型案例。和其他行业的企业相比，中国金融类企业海外直接投资的历程更短，只有约十年的时间。企业经验非常缺乏，在判断复杂的世界经济局势和金融风险方面存在不足。在本宗案例中，中国平安严重低估了国际金融危机对富通银行造成的影响，也低估了这场危机持续的时间和巨大的影响力，选择了一个错误的时点对富通银行进行投资。2008年国际金融危机是"二战"以来持续时间最长、影响最大，造成金融市场波动最剧烈的危机。世界范围内，数千家银行和金融机构破产。中国平安显然对当时的经济风险缺乏清醒的认识和准确的判断，在富通银行股票下挫40%时，存在"抄底"思维，大量购买，造成投资失败。另外一个失败原因是中国平安在收购关键信息收集方面存在重大失误，信息不对称造成企业海外投资失败。由于当时富通银行资产中包含大量次级债券，中国平安对此关键信息调查不彻底，没有弄清富通银行真实的财务状况，被其欧洲著名银行的名头所蒙蔽，背负了因购买次级债券造成的巨大亏损。由信息不对称造成的错误决策也是中国平安投资富通银行失败的一个重要原因。

第二节 "一带一路"背景下中国企业对外直接投资风险防控存在的问题

目前，中国企业对外直接投资进入快速发展阶段，但大规模投资的历程并不长。尽管存在外部风险，但在主观方面，无论是企业层面还是宏观层面，在风险防控上都存在着较多的问题。对这些存在的问题进行全面的分析和梳理，有助于更好地进行中国对外直接投资的风险防控。本章共分为两节，分别从企业风险防控层面存在的问题和宏观风险防控层面存在的问题进行分析，也有助于下一步为中国对外直接投资风险防控提供更有效的对策和建议。

一、企业层面风险防控存在的问题

中国企业在海外大规模投资的历程并不长，企业国际化生产和经营都缺乏经验。在海外投资领域，相当多的企业缺乏必要的风险管理意识，将错综复杂的国外环境当作简单的国内营商环境，缺乏必要的风险防控措施。由于缺乏有国际竞争力的人力资源团队，经营层面存在较严重的委托代理关系，在经营方面也存在一定的共性问题，使企业在风险防控方面存在着较多问题。

(一)部分企业缺乏必要的风险管理意识

缺乏必要的风险管理意识和必要的风险管理能力是目前中国海外投资企业普遍存在的一个问题。由于存在比较严重的"委托—代理关系",海外投资的中国企业普遍缺乏风险管理意识,也缺乏相关的考核动力,更没有因出现决策失误需要承担后果的思维,因此在企业海外投资的决策中,频频出现缺乏风险意识的决策。另一个原因是,这些企业对于国际市场的复杂性和竞争的严峻性没有清醒的认识,在国内市场凭借垄断势力获得超额利润,既没有管控风险的意识,也缺乏管控风险的能力,这是目前进行海外投资的中国企业存在的普遍问题。

由于企业缺乏风险管控的意识,自然不会去培养或外部获取风险管控的人才,没有一支负责对企业风险进行管控的人才队伍,企业风险管控能力的提高是无从谈起的。部分国有企业在东道国经济稳定或项目发展较好的情况下,毫无风险意识,盲目进行项目扩张,甚至无视基本的风险管控原则,加大杠杆,以过高的负债率开展经营活动,经营范围涉及的行业越来越多,产业链变得非常长,超出了企业能承受的风险范围。一旦经济出现波动或政策出现波动,那么企业难以承受巨大的风险,必将引起企业损失惨重,甚至引发企业倒闭。因此企业缺乏风险防控意识和风险防控能力是目前中国企业海外直接投资存在的一个严峻问题。

在国外投资的中资企业继承国内企业的惰性,是目前风险防控存在的一个显著问题。在海外投资的中国企业的管理人员和工作人员都是从国内企业选派的,经营理念和经营模式是较为固化的。企业管理人员和工作人员的经营理念较为刻板,往往照搬照抄国内的经营和决策经验,企业的内部架构和规章制度也和国内保持一致,显得相对保守。此外,海外投资的中国企业延续了国内的企业文化:保持稳定和缺乏冲劲的企业文化是难以适应国外复杂多变的市场环境,企业也无法进行自我革新。而在国外,多数东道国实行完全的市场经济,任何行业的进出是没有障碍的。中国海外投资企业面对的是国际大型跨国公司和东道国本土企业的激烈竞争,中国企业只有通过内部不停地变革和革新,才能立于不败之地。国内的能源企业,因为产业政策的原因,在中国境内是寡头垄断的市场结构,缺乏竞争者,企业文化偏向保守。随着国内能源需求的升级,更多的中国能源企业走出去,部分企业面对复杂的外部环境,延续因循守旧的经营作风和粗犷的管理风格,必然会导致防控风险能力的下降和整个公司竞争力的下降。

（二）企业人力资源问题造成的风险防控缺失

大多数企业存在沿用国内企业人力资源模式的问题，因此海外投资的国内企业在人力资源方面存在着较多问题：企业高管道德风险、国外机构的人事制度缺陷以及在薪酬制度上缺乏竞争力，这些问题都会带来海外投资的各种风险。

1. 企业高管的道德风险

中国海外投资企业实行的是委托代理制度，容易引发高管的道德风险。由于海外投资的中国企业多是国有企业，实行的是委托代理制度。国内的母公司和国有资产监管委员会是委托人，在海外投资的分公司是代理人。在这种情况下，委托人倾向于海外资产的保值增值，而代理人的利益是倾向于获得更高的投资收益，委托代理关系存在着较大的目标差异。在现在企业管理制度下这种情况是难以避免的，公司的所有权和经营权分属于两部分人群，利益诉求必然存在着差异。由于在海外投资的公司远离母公司，不容易受到管辖和监督，代理人有非常强烈的动机牺牲母公司的利益来实现自身的利益最大化。

在海外投资的中国企业决策层在缺乏监督的情况下，很可能背离国资委和国内母公司的最高利益，来实现自己的最大利益。存在的问题包括：海外经营者对于资产负债虚报。或者对于企业本年度的利润进行隐瞒，在下个年度再进行披露，以便获得更高的薪资，工作不称职，工作效率低下，以及出现企业内部高管伙同内部人员侵吞企业资产等问题。

2. 部分中国企业在人事管理方面存在缺陷

海外投资的中国企业延续了国内企业在人事管理和薪酬考核方面的缺陷，是中国企业海外投资风险防控存在的主要问题之一。第一个问题是人员选拔机制。在海外投资的国有企业在选拔中层和决策层的程序上，仍然较为落后，并未像欧美跨国公司采用市场化的选拔方式，仍然依靠国内总公司推荐，国资委核准的方式。这种方式既不职业，也不利于选拔适合国际投资的人才。国内总公司推荐的人员的局限性在于熟悉国内市场，对国际市场的投资和经营并不熟悉，不具备开拓国际市场的职业能力和素质，很难快速适应和拓展国际市场。

第二个问题是海外工作人员的人才建设较为滞后。海外投资的中国企业在人才梯队建设方面是存在严重缺陷的。首先，从基本素养来看，选派到海外投资的中国企业的经营人员和工作人员和海外投资的需求存在一定差距。到达海外后，并没有相应的人力资源培训引导他们尽快适应海外市场。这些人员来到海外后，完全凭借自己从前的专业技能和经验适应国际市场，必然付出较高的成本。海外企业在决策层面的不力，必然导致企业在经营和投资方面的工作低效且无序。海外企业在没有严格绩效考核的情况下，对于投资经营中的潜在风险必然难以预判。

缺乏竞争力的薪酬制度和人才培养制度难以吸引海外投资经营人才。目前，由于在国外投资的中国企业的薪酬制度缺乏竞争力，难以吸引足够的人才为中国企业工作。落后的人才培养制度无法给人才建立完善的人才培养规划，也不能够提供完善的晋升通道。出现了熟悉跨国经营的人才难以招到，有竞争力的人才留不住。由于长期缺乏足够的优秀人才，企业在经营决策方面存在较大的缺陷，难以培养和选用具有较强竞争力的决策人才，难以甄别国际经营和决策过程中的各种风险，为企业发展留下隐患。

落后的薪酬制度是海外投资的中国企业落后的人事制度的一个重要特征。在企业的绩效薪酬分配上，海外企业还是延续了国内企业平均主义大锅饭的弊端，没有按照市场化的运作，考核体系不完善，难以激发海外员工的工作动力，难以杜绝经营决策层面的不法行为。问题主要集中在分配制度上：分配制度难以调动知识密集型、技术密集型、劳动密集型等员工的积极性，难以实现他们的价值。薪酬制度只有工资和奖金，缺乏股票、期权等激励方式，员工对企业认同感难以增强。特别是经营决策层级，高付出难以得到相应的回报，在委托代理问题难以解决的前提下，企业决策层必定会通过损害企业整体利益的手段来谋取私利。特别是在非洲、东南亚等一些艰苦的地方，薪酬待遇难以补偿付出，容易造成企业面临较大风险。

（三）企业经营问题造成的风险防控缺失

中国企业在海外投资过程中，面对陌生的投资和生产环境，在生产经营的宏观政策决策、产品进入和模式选择等企业经营方面存在一定的问题。企业在经营方面存在的问题，是造成中国企业海外投资风险防控缺失的重要因素。

1.中国企业对海外经营环境不熟悉

目前中国企业对海外经营环境不熟悉，主要体现在两个方面：客观上东道国政治经济环境非常复杂，中国企业短时间难以完全掌握和了解；从主观上来说，中国企业对于东道国的项目缺乏深入调研，草率地根据片面情报做出生产经营决策。例如一些中国企业在面对复杂的中东欧项目时，仅仅依靠二到三个月的调研，就将几千万美金投入到政治经济局势并不明朗的东道国。中国企业前期可行性研究质量较差，对东道国的相关政策、市场状况等核心要素缺乏全面的掌握，没有充分考虑不确定性因素，经营决策过于仓促，这些因素都给中国企业积累了大量的风险。

项目开始运营后，由于中方对东道国的税收法律和海关准则缺乏了解，导致关键的零部件被扣押在东道国海关，浪费了大量的时间和金钱，耽搁了宝贵的经营时间。由于部分中国企业对项目缺乏系统全面的深刻调研，对风险难有合理的预估，更不会预先制定防控风险的措施。企业缺乏快速应变能力，一旦企业遭遇各种因素引起的风险，中国企业很难有效应对和化解。

2. 东道国市场进入

中国企业在跨国投资生产经营方面风险防控存在的问题是市场进入。在中国企业进行投资前，东道国市场就充斥着东道国的公司、大型跨国公司。这些公司已经是市场主导者或市场跟随者，面对新的进入者，肯定会通过显性或隐性的手段给中国企业的进入设置种种障碍。同时，新旧企业面对同一市场的信息不对称，这些都成为中国企业市场进入时的风险因素。

东道国对不同企业采取的差别性政策也会成为海外投资的中国企业进入市场的风险因素。为了保障关系国计民生和国家安全的行业领域的利益，像能源开采、公共事业等领域，东道国政府会给予本国企业一些优惠政策，对中国企业进行一些政策限制，在股权结构、原材料采购、产品外销数量等方面，进行一定的限制和约束，使中国企业进入东道国市场时，面临一定的风险和困难。

绿地投资和并购是中国企业直接投资的主要方式，也是中国进入东道国市场的主要途径。中国企业直接投资以绿地投资为主，这种方式最大的风险是耗时长，中国企业对于东道国市场的敏感度有一定程度的降低。对于一些高科技产业和技术密集型产业，产品生命周期并不长，如果前期准备时间长，则绿地投资完成时，中国企业的产品和技术也就丧失了市场的主动性，处于被市场淘汰的边缘。此外，采用绿地投资，中国企业往往采用独资的方式进入东道国市场。在缺乏东道国合作伙伴的情况下，很难获得东道国的优惠政策和国民待遇，也是风险防控存在的问题之一。

中国企业进入东道国的另外一种方式就是通过并购进入当地市场。主要风险点来自对东道国企业的风险评估出现偏差以及并购后对企业整合失败的风险。海外投资的中国企业由于缺乏经验和信息不对称等原因，对于目标的并购，容易发生选择偏差。在选定目标企业时，对于企业的资产负债、现金流量和利润率等指标容易出现偏差，加上竞争对手的要价，迫于通过并购进入市场的压力，容易出现并购溢价。如果溢价范围过大的话，则使用的资金将远远超出计划，过重的资金负担为后续的经营制造风险。

中国企业在东道国并购后，由于经营等多方面的原因，造成企业并购失败也是海外经营风险的一个重要因素。中国企业和东道国企业并购后，面临着两套不同文化背景、不同经营理念的员工的整合。中国企业大规模海外并购的时间并不长，相关经验比较欠缺，易出现并购企业和并购对象无法有机融合的现象，就会产生人浮于事、经营混乱等现象，并最终导致并购失败。国内企业在实行并购过程中，容易出现出资方式单一、并购经验不足、缺乏技巧等问题，这些都会造成中国企业经营风险。

3. *产品风险未能有效化解*

中国企业对外直接投资是通过绿地投资开展的，在东道国建厂生产是非常重要的一个环节。但中国企业进入后也面临着产品进入东道国市场后的一些风险因素。根据产品生命周期理论，产品周期分为引入期、成长期、标准期和衰退期。大多数中国企业为了保险起见，通过对外投资向东道国设厂，引入的基本上是进入标准期的产品。这种标准化产品的优势是生产成本较低，有一定的市场占有率；但缺点同样也很突出，缺乏差异化，难以适应多元化的市场需求。在海外投资过程中，中国企业更倾向于通过促销结合标准化产品的方式进入东道国市场。缺乏个性的成熟期产品难以适应东道国的消费偏好、不同消费习惯和行业标准方面的要求，进入市场出现困难，中国企业将遭遇产品风险。目前中国对外投资的产品多为工业制成品，这些产品大多已经进入了成熟期，面对的目标群体是发展中国家的消费者。中国企业容易出现过于依赖价格和促销，而丧失了产品技术创新的动力。而发展中国家里充斥着欧美、日本跨国公司的同类产品。一旦对方推出成长期的新产品，那么必将大幅占领市场份额，中国企业在市场上的占有率将大大下降，这也是中国企业经营风险的一个因素。

中国企业产品风险因素还来自东道国民众对于本国品牌的忠诚度。进入东道国市场的中国产品，是作为一个崭新的品牌，东道国民众需要一个认可的过程。而中国海外投资企业吸引东道国消费者，必须承担一定的额外开拓市场的费用，甚至前期开拓过程中，面临亏损的风险。而目前中国企业在品牌打造上，特别在跨国跨文化环境里，并没有充足的经验，也缺乏相关的人才，难以在短期内收获东道国民众对本国品牌的热情。由于消费者的消费有强烈的惯性，如果中国企业的品牌在一个时间段内未能成功吸引东道国消费者，那么产品很难在短期内打开市场，这是中国企业经营风险的一个重要因素。

4. 营销方面风险未能化解

由于国外市场的营销环境远比中国国内市场复杂，在国际营销方面，中国企业可能遭遇一定的风险因素。中国企业在海外开展绿地投资，产业链包含了研发、生产、营销等全部环节。能否在国外建立起畅通的营销渠道，将产品顺利地销售出去，是决定中国企业经营是否遭遇风险的关键问题。如果处理不当，很容易遭遇营销风险。由于东道国企业和多个跨国公司已经建立起营销渠道，市场结构的复杂程度要远高于中国本土市场。此外，国外市场充斥着更多的中间商和潜在的隐形营销成本，这些对于拓展海外市场的中国企业来说，都是更大的挑战。进行绿地投资的大部分中国企业，在国际营销渠道开发上缺乏经验，也难以在短期内建立起一支具有国际化背景的营销队伍，多数照搬国内的营销模式和方法，对于综合营运成本、细分市场需求、目标客户的消费能力、东道国企业的价格策略等要素缺乏统筹，中国企业很可能短时期内打不开营销渠道，甚至出现制定的营销价格难以适应东道国市场开发的情况，使企业产品的营销和分销在东道国遭遇较大的风险。

在海外投资的中国企业在同一个东道国市场的过分竞争带来的风险也是经营风险的重要形成因素。目前制造业是中国海外投资的主要产业，制造业的海外投资属于市场寻求型投资，投资区域较为集中，集中在劳动密集型的东南亚国家和一些非洲国家。由于东道国的生产制造能力无法与中国企业抗衡，在东道国市场，中国企业面临的竞争主要来源于中国企业间的竞争。在以市场寻求型投资的东道国，中国企业为了寻求更多的利润和更大的市场份额，往往把国内低价带量的策略运用到东道国。在获得利润的同时，必然在短期内过度使用东道国的劳动力资源和其他自然资源。其他中国企业为了占领东道国的市场，也只能采取同样的经营策略，企业间的竞争成为成本竞争和价格竞争，使中国企业在海外的投资无法向产业的高端环节迈进。

以重庆力帆为主的摩托车制造在20世纪90年代末就进入了东南亚市场，以力帆为代表的中国轻工业企业通过海外直接投资在越南等国开厂。由于当时摩托车在东南亚市场处于产品生命周期的成长期，中国企业的销量非常大。一方面吸引了其他中国企业在东南亚投资设厂，另一方面竞争主要变为中国企业之间的竞争，主要是成本和价格的竞争。为了控制价格，中国部分企业降低了产品质量和售后服务水平，无序的竞争使中国摩托车生产企业在东南亚市场过早透支了消费者的信任和市场占有率，最终的结果是中国轻工制造业在东南亚市场的投资遇到了东道国较大的审批阻力和市场开发的阻力。

5. 技术方面风险未能有效化解

海外投资的中国企业在绿地投资过程中也会产生技术方面的风险。造成技术风险方面的原因，一方面是中国企业采用的技术本身不一定适合东道国市场，另一方面由于东道国市场的技术标准与中国企业采用的技术相冲突，是中国企业在技术管理上存在一定的疏漏而造成的。

中国企业采用的技术与东道国的技术规格存在冲突。中国企业的技术和东道国的技术标准之间存在的差别是技术风险的一个重要影响因素。在世界范围内，中国企业技术方面是比较有竞争力的，但中国企业的技术符合国内的技术标准，并不一定完全符合国际标准或东道国的标准。特别是一些高技术产业或生产性服务业，中国的技术标准可能和东道国的标准是大相径庭。随着中国汽车行业的崛起，以比亚迪为首的汽车企业向国外投资。但仅仅汽车排量的标准就有欧洲标准、美国标准、日本标准等多个标准，这些标准和中国国内的排量标准存在较大差别。在一些生化制造领域，东道国的环保标准又与中国企业的标准存在差别，特别是在欧美，对产品提出了非常高的环保要求，中国企业的产品难以达到东道国的技术要求，则会面临东道国停产，甚至法律诉讼的制裁，这就是由于技术标准的差异而引起的技术风险。

发展中国家在知识产权保护方面的缺陷。中国企业海外投资集中在发展中国家，而发展中国家对于区域内知识产权缺乏保护，这是中国企业海外投资技术风险的成因之一。中国企业对发展中国家进行投资，产业结构集中在生产制造业。在产品生命周期里，这些产业多是成熟产业，技术优势并不大。大多数发展中国家，在知识产权保护方面仍存在较大问题，侵权盗版现象时有发生，由于缺乏对仿冒品的制裁，中国企业海外投资的一些产品在东道国市场上很快就出现仿冒品，以低廉的价格冲击中国企业的生产线。中国企业受到的损失非常惨重，此种技术风险甚至会直接导致中国企业海外投资的失败。

中国企业对发达国家的直接投资也会因中国企业对发达国家的专利技术制度认识的不完善产生技术方面的风险。尽管发达国家的知识产权保护较为完善，但惩罚标准也非常严厉。中国企业对于东道国的相关制度和技术体系并不熟悉，在技术运用过程中，如果中国企业使用的技术或专利和东道国某项专利相似，或者中国企业使用了一项在中国申报过，在东道国没有申报过的专利，则有可能被认定为侵犯知识产权，被东道国的企业或执法部门起诉，造成的损失包括对面临巨额的赔偿费。或者中国企业丧失了对自有技术在东道国申请专利的技术，这些都构成了一定的技术风险。

中国企业对知识产权保护力度不够。由于中国企业自身在生产制造过程中的知识产权保护力度欠缺，容易引起技术风险。中国企业向来在知识产权保护方面做得不够，缺乏保护意识，在生产技术管理、研发技术保护、技术引进等多个环节中存在较多纰漏。中国企业在技术管理上缺乏有效和细致的监控，容易造成相关技术材料的丢失。而在技术交换过程中，外方企业是否在交换过程中提供了适当的技术参数、是否严格遵守相关的技术合同的条款，这些技术管理的细节，中国企业还不能有效地监控。此外，中国企业还存在缺乏技术专利保护意识的问题。一些中国生产制造企业在东道国开展投资或合资，产品出现一定的技术问题，中国企业缺乏技术保护意识，就会将相关技术指标全部透露给外籍技术人员，不利于中国企业的技术保护。在新技术和新专利的研发过程中，中国企业也缺乏相应的制度约束，对于该项技术是否有较强的先进性，研发成本和收益对比是否合适，研发的方向是否符合企业的战略定位，技术是否容易被模仿，这些环节处理不好，都可能给企业造成技术风险。

中国企业在技术应用环节也是滋生技术风险的以一个环节。对于新兴技术，中国企业必须合理的方法运用到国外市场上，技术转换成应用的成本可能较高，超出预算较多，但技术应用的收益可能低于预期，这是技术风险的以一个重要问题。此外，技术应用涉及的范围较广，新技术的应用会涉及企业的整个技术网络的更新、造成产品的更新换代，甚至组织人事结构的大更迭，这些都会造成技术风险，甚至是由于技术风险引发的企业经营风险。此外，技术在转化过程中，也面临着东道国各项条件的制约，转化效果也会大打折扣。这些条件包括技术转换的资源是否充足，相应的技术设备是否达标。一项在国内成功转化的技术在东道国可能由于各方面条件的限制，转化效果大打折扣，甚至出现转化失败的风险，这就是企业在东道国面临的技术风险。

（四）海外投资的中国企业公司治理结构不完善

公司治理结构不合理的主要表现是代理链过长。现代公司治理结构往往是投资人—代理人这种较为简单的代理链。而目前进行海外投资的国有企业的代理链则非常复杂且很长。海外投资的中国企业的代理链如下：国有资产监管委员会是委托人，国内母公司既是委托人又是代理人，海外投资的中资企业是代理人。海外投资的中国企业既要受到国内母公司的监管，也要受到国资委的监管。国内母公司和国资委在委托代理权上的权限划分不明确，使国外投资企业的管理体制出现监管重叠。对于企业来说，代理链的延长，导致了企业代理成本过高，企业资源的浪费，内部经营控制风险存在较大问题。

公司治理不合理的另一个表现是管理体制较为滞后。目前，进行海外投资的中国企业在公司治理特别是管理体制方面较为滞后，也影响了企业风险防控的能力，是目前中国企业风险防控存在的一个突出问题。目前，在海外投资的国有企业的管理体制和决策机制距离现代化企业仍存在一定差距，重大决策的权力并未完全掌握在企业的董事会，非市场化的因素仍然影响着企业的决策和经营。这个问题反映在企业风险防控上，表现为企业决策层忽视外部风险，把个人利益摆在首位，对外部投资项目的风险置于不顾，导致海外投资项目面临着巨大风险。此外，缺乏专业化的企业团队在东道国会做出多元化投资经营的决策。由于企业的决策层缺乏专业化的人才，常常用多元化的经营策略来防范风险。但多元化经营是以在东道国大量信贷扩张为前提的，企业缺乏专业化的经营人才，多元化的业务并不是建立在扎实的业务工作之上的。多数情况下是企业盲目跟风，无限度扩张，决策过程并不科学，缺乏论证，海外投资的项目非常容易暴露在巨大的风险敞口之下。例如，中国内地在香港直接投资的大型国有企业，在香港进行盲目的跨行业多元化投资和信贷扩张，多个中资企业以投资失败告终。

不设置专门的风险控制的部门，导致企业投资风险丛生。目前很多海外投资的中国企业的投资结构并不合理，完全照搬国内的结构，缺乏针对海外东道国投资风险的风险控制部门；企业内部结构设立的不合理，缺乏内部审计部门，难以适应错综复杂的海外投资风险环境。同时，中国海外投资企业的组织结构设立不合理，难以适应国际竞争激烈的海外市场，僵化的组织结构必然难以匹配企业快速扩张的生产经营，导致企业内部组织和外部环境发生冲突，企业的投资效益肯定大打折扣。

二、宏观层面风险防控存在的问题

由于中国成为资本输出国是近三年的事，在宏观层面风险防控方面存在着诸多问题，难以适应快速发展的海外投资状况，政府在风险防控方面也存在着一定的缺位。目前在宏观层面，对外直接投资法律法规体系尚未建立，政府层面的经济外交未能发挥足够的防范作用，政府给予不必要的干预等问题，都是宏观层面风险防控存在的主要问题。

（一）对外直接投资相关法律体系尚未建立起来

中国在对外直接投资领域尚未颁布一部专门的法律，这成为目前在宏观层面风险防控的突出问题之一。由于中国进入WTO以来一直都是资本输入国，对外直接投资流量并不大。但进入21世纪以来，随着越来越多的中国企业走出去，中国对外直接投资的存量已经跃居世界第二，流量也排在世界前列，但国内尚未颁布一部关于对外直接投资的相关法律。在国际方面，尽管中国与一些东道国签订了双边投资协定，但仍有相当多的东道国尚未和中国签订双边投资协定。国内和国际都存在相关法律法规的缺位，客观上对中国企业海外直接投资风险防控产生了不利影响。

国内相关法律立法缺位。迄今为止，中国在对外直接投资及风险管理方面的立法工作非常滞后，没有颁布一部相关法律。相关的文件政策也不多，只有发改委 2005 年颁布了《关于建立境外投资重点项目风险保障机制有关问题的通知》和 2006 年国家开发银行颁布的《关于进一步加大对境外重点项目金融保险支持有关问题的通知》。这两项文件颁布时间久，不是法律，效力较低，难以适应当前快速发展的中国对外直接投资，也无法给予海外企业投资风险防控帮助。没有一部专门的对外直接投资法，难以适应目前中国企业快速走出去的步伐，也难以给予中国企业在海外利益保护、风险防控方面的法律保障。而目前相关的法律，对于企业对外直接投资鼓励较少，多为投资限制。目前国内在对外直接投资立法上，仍然采取限制投资的导向，仅仅依靠限制，是不能够给中国企业海外利益提供足够的保护。

尚未和多个东道国签订双边投资协定。目前中国对外直接投资遍布世界一百多个国家，但中国只和小部分东道国签订双边投资协定。双边投资协定是两个国家通过法律的形式来对双方企业的投资风险、海外利益进行保障，是对付投资保护主义非常重要的对外直接投资法律。中国仍未和大部分东道国就双边投资协定问题达成一致，其中就包括美国、欧盟两个主要的投资区域。此外，中国与一些非洲、中亚国家签订的双边投资协定是 20 世纪 80 年代签订的，内容过于陈旧，难以适应目前国际对外直接投资发展的新趋势和新特点，也无法给予中国企业在上述东道国直接投资风险防控方面更多的保护，因此这部分旧的投资协定面临着重新商讨和签订。

（二）经济外交未能提供足够的风险防护

目前中国政府利用经济外交手段来防控中国企业在东道国投资风险的措施较少，没有完全发挥经济外交的作用。经济外交是一国政府利用经济合作、经济援助等经济手段实行的带有外交关系性质的活动，"以经济促外交"。一般情况下，经济外交对于中国和东道国的双边关系有促进作用，有利于降低海外投资的中国企业在东道国的风险。但目前，经济外交在企业风险防控的作用并没有完全发挥，中国经济外交存在开展时间短、开展层次低、缺乏主导型经济外交的问题，对于有效防控中国企业的海外风险，保护海外利益产生不利的影响。

1. 中国政府大规模开展经济外交的时间较短

中华人民共和国成立后对亚非国家开展过一些援建行动，但规模较小，影响有限。后来经济外交一定程度中断了。进入 21 世纪以来，中国作为一个大国登上了国际舞台，才开始在世界范围内大规模地开展经济外交，在非洲、东南亚地区投入了一批有影响力的援建项目。但与美日持续半个多世纪的经济外交相比，中国进行大规模经济外交的历程还较短。由于时间较短，"以外交促经济"的效果还不能够完全显现。在21世纪之前，中国的经济外交更多的是接触性经济外交和参与性经济外交，规模较小，影响较小，缺乏主导性经济外交，难以对海外投资的中国企业在风险防控上提供宏观层面的帮助。

2. 目前经济外交"重贸易轻投资"

目前中国的经济外交的中心是"以外交促经济"。经济活动包括出口贸易和对外投资两部分。由于2012年之前中国对外投资的数量较小，经济外交的偏重保障对外贸易的发展，而忽视促进对外投资的发展，因此对于企业在海外的投资项目也缺乏重视。出口一直是中国经济的工作重点，东南亚、中亚、非洲等地区更是中国工业制成品的重要市场。长久以来，中国通过经济援助来改善和加强与东道国的关系，主要是为了保障中国产品在东道国市场的出口。

按照对于东道国经济融入的程度来划分，经济外交分为贸易型经济外交、对外投资型经济外交、财经交往型经济外交、货币往来型经济外交。贸易型经济外交是经济外交的最初层次，对于中国企业在海外投资的风险预防起到的作用是非常有限的。目前中国的经济外交层次还较低，投资型经济外交只是经济外交很小的组成部分。

3. 目前中国缺乏主导型经济外交

目前中国的经济型外交以参与型经济外交、融入型经济外交为主，较少有主导型经济外交。尽管参与型经济外交和融入型经济外交也能改善中国和东道国的关系，但对于海外投资的中国企业在风险防控方面作用非常有限，也不符合中国作为一个大国在国际舞台上应起到的作用。目前中国已经成为对外直接投资存量第二大国，投资流量增速也位居世界首位。缺乏主导型经济外交，中国和多个国家尚未签订双边投资保护协定，中国也没有建立以保护中国海外利益为主导的BIT体系。目前，中国和欧盟、美国尚未建立起双边投资保护协定，中国企业的海外利益难以得到有效的保障。缺乏主导型经济外交，也不能消除一些持投资保护主义东道国的政策协定的消极影响，对中国企业海外投资权益难以起到有效的保护。

（三）政府职能部门对企业干预过多

政府相关职能部门的过多干预，给海外投资企业的生产经营及决策造成极大风险。目前，对企业海外投资进行审查监管的部门非常多，包括商务部、发改委、外管局、人民银行、工信部、国资委等多个部门，这些部门对于宏观监管的职能的界定并不清晰，同时行使了宏观管理职能和出资人的双重职能，注重对于境外投资项目风险的审核，将认为风险大的项目排除，鼓励企业投资它认为风险小的项目。而这个环节应当是由投资企业自身进行评估，作为微观市场行为主体，企业更清楚海外投资项目的收益和风险之间的对比。这些微观工作由政府职能部门承担，一方面效率并不高，另一方面政府管理部门对于微观信息掌握并不充分，所做决策的科学性会大打折扣。而政府管理部门的决策很可能造成显性风险小但潜在风险大的项目通过审核，给企业的海外投资造成不利的影响。此外，政府管理部门在事前风险管控上花费较大的精力，对于项目立项前的风险审核非常重视。但项目开始后，缺乏后续的监督，仅仅要求企业按季度提交现金流量表和资产负债表作为一种形式上的监督，缺乏事中事后有效的监督。

（四）缺乏对境外投资企业的科学评价体系

目前对于海外投资的中国企业没有一个明确的科学评价体系，这是目前对外直接投资风险防控中比较严重的一个问题。国有资产监管委员会对于境外投资企业的绩效考核，主要考核企业经营的资产收益。仅仅依靠一个指标，既不全面也不客观。出现了相当多的企业为了迎合国资委的评估考核，将大部分利润返还国内，而在境外呈现一种亏损的状态。这种流于形式的考核对从事境外投资的企业根本没有起到考核的作用，对于企业风险防控也无从谈起，海外企业无法建立有效的风险防控机制，在面对多变的风险时，企业难以有效防控。

（五）国际惯例对海外投资员工跨境流动产生消极影响

国际惯例对中国企业海外投资员工跨境流动产生一定的消极影响。目前国际资源配置是在全球范围内进行配置，人才作为资源要素的一部分，更是如此。中国企业对外直接投资的过程，是东道国整合各种资源和人才为我所用，实现最大价值的过程。跨国投资涉及国内法律、东道国法律和制度，需要复合背景的国际化人才，中国企业通过项目对外招募相关的技术人才和管理人才，补充国内人才团队是非常必要的。特别是中国企业在欧美发达国家投资，招募发达国家的科研人员非常有利于知识外溢，形成良好的创业氛围。而招募当地的劳工，有利于降低劳动力成本。但目前 WTO 和 GATS 中相关的国际惯例在人员跨境流动方面并未明确统一规定，给中国海外投资企业吸引人才跨境流动造成一定的负面影响。

在欧美，按照国际惯例对于自然人流动存在着较为严格的限制。他们认为自然人流动一般应在所属的企业内部进行流动，即使是跨越国家间的限制，仍应当为原有的公司服务。他们对将这种跨国的自然人流动做出明确的限制，包括对于人员的身份和时间都有严格的限制。中国企业对外直接投资过程中，雇佣或聘请高级技术人才和高级管理人员，就面临着较为严峻的挑战。部分中国企业在对外直接投资的过程中，就曾出现由于国际惯例引进高级管理人才受到跨境流通限制的原因，迟迟难以到位，给生产和管理造成风险。

第三节 "一带一路"背景下构建中国对外直接投资风险防控体系的对策

由于中国企业大规模对外投资的时间较短，企业风险防控意识薄弱，缺乏有效的风险防控手段等多方面因素导致中国企业投资频频在海外遭遇各种风险。因此加快构建中国对外直接投资风险防控体系成为一项非常迫切的任务。既需要借鉴欧美国家风险防控的经验和做法，但最根本的是以中国自身的国情为出发点，建立适合中国特色的风险防控体系。

一、企业层面风险防控的对策建议

企业作为中国海外投资的行为主体，应当加强风险防控意识，丰富风险防控手段，提升风险防控水平，加快构建企业层面的风险防控体系。本节针对企业层面防控风险提出对策建议：加快引进世界先进的风险管理系统，增强企业社会责任意识，优化投资空间布局，实施多元化策略，完善企业撤退机制。多措并举，积极打造企业层面的海外投资风险防控体系。

(一)加快引进世界先进的企业风险管理系统

1. 加快引进 COSO 风险管理系统

企业层面构建风险防控体系的首要任务是引进 COSO 风险管理系统。海外投资的中国企业大多未采用任何风险管理系统，缺乏风险管理系统的保护，企业将遭遇东道国的各种风险，使中国企业遭受重大损失。中国企业作为对外直接投资的主体，同时也是对外直接投资风险防控的主要实施者，应当加快引进 COSO 风险管理系统。COSO 风险管理系统是美国跨国公司普遍采用的风险管理系统，能够较好地控制企业跨国投资经营中的风险。实践证明 COSO 系统是非常完备的风险防控系统，具备条件的中国企业应抓紧引进，进行海外投资的中国企业应引进并熟练运用 COSO 风险管理系统，充分利用该系统防控风险。

充分利用 COSO 系统防范和控制海外投资中的各种风险。充分利用 COSO 风险管理系统的八大组成要素：内部环境、目标设定、事项识别、风险评估、风险应对、控制活动、信息与沟通、监控来防范和化解事前决策、事中实施、事后跟踪三个重要时间节点的风险，使中国企业在整个海外投资过程中可能遭遇的各种风险都得到有效防控，保障中国企业海外投资的权益。

在事前决策中，企业应首先对可承受的风险程度进行量化预估，然后根据设定的目标进行决策。在开展项目投资前，企业应广泛搜集东道国各种情报信息和投资项目的信息，对潜在风险进行甄别，利用 COSO 系统的风险分析可对潜在的各种风险和可能造成的损失进行量化评估，由企业高层根据风险分析结果进行投资决策。如果项目经过了 COSO 系统的风险评估，企业仍应当首先制定相应措施来应对项目可能产生的风险。在项目实施的过程中，企业各层级员工都应当利用 COSO 系统对项目实施过程中产生的各种风险，东道国政府、媒体、民众和重要社团对项目的态度进行全方位监控。一旦发现风险，第一时间处理和防控，尽最大可能降低风险。由于 COSO 系统针对事中实施的大多数环节可能出现的风险均有明确的指示和应对措施，企业工作人员只需按照指令操作即可。事后跟踪是指中国企业在东道国的投资项目完成后，员工对项目的社会效益进行跟踪，避免产生预料不到的社会风险。海外投资项目建成并非风险防控的结束，由于中国企业海外投资的资源开发项目较多，善后工作涉及环境保护等问题。如果处理不好，可能对东道国的环境带来一定的负面影响。如果事后跟踪不能处理项目引起的负面影响，很有可能在东道国爆发社会风险甚至政治风险，给该公司甚至中国公司在东道国的未来投资带来巨大隐患。因此，在投资项目完成后，中国企业的项目部和公关部应加强对项目完成效果的事后监控，预防可能产生的后续风险。

企业还要充分利用先进技术和网络信息工具进行海外投资风险防控。利用先进的计算机技术和网络分析工具对东道国的潜在风险进行统计和量化评估，提高中国海外投资企业对东道国风险的判断精度。需要重点监测的指数包括：反映政治风险的世界和平指数（GPI），反映金融风险的东道国汇率指标，包括大宗商品的金融衍生品价格指数，主要包括VIX波动指数，反映营运风险的东道国属性指标，如销售收益率，反映信用风险的存货周转期指标。中国企业职员应增强风险意识，定期关注重要风险指标，整理汇总后定期向公司所有人员发布。海外投资风险防范是公司全体员工的责任，任何关于风险的信息都必须及时沟通和反馈，这样才能有效防控东道国的风险。

2. 加快引进分层次风险预警机制

海外投资的中国企业应当加快建立分层次的风险预警机制。投资过程中的风险，最关键的是预先甄别和防控。完善的、分层次的风险预警机制是非常必要的，也是非常紧迫的。通过建立风险预警机制，中国企业可以实时地、动态地评估东道国和世界范围内的各种外部风险，同时不断发现来自企业的内部风险，不断优化和调整自身的投资决策和经营决策，有效防控海外投资的风险。

风险预警机制应包括风险预防决策层级、风险防控执行层级、风险防控监督层三个层级。三个层级相互依存，协同配合，共同组成中国企业对外直接投资风险预警机制。风险预防决策层是中国企业海外投资风险防控的最高决策机构，负责对东道国政策变动、突发事件等事件风险评估和重大项目风险评估的决策事宜。风险预防决策层由公司的董事会和风险管理机构共同组成。

风险防控执行层级的主要职责是对东道国和所在大洲范围内已经出现的风险种类、状态进行甄别和评估，对于风险预防决策层级制定的决策无条件推行。针对中国企业已投资的项目，制定相应的风险预警线和风险防控目标，一旦投资项目遭遇的风险触及风险预警线，风险防控执行层级应当立即进行处理。在对外部风险进行预防的同时，风险防控执行层级应当加强中国海外投资公司内部风险的控制，重点强化企业内部财务风险管控，针对性对东道国产业政策和社会文化方面的风险进行分析，为风险防控决策层面提供技术方面的支持。

风险监督层级主要是由企业内部审计人员和聘请的外部独立董事和风险防控专家组成，主要功能是对企业风险防控执行层面进行监控。中国企业在海外直接投资的风险往往可通过内部审计来进行审核，通过内部审计可以充分暴露或预判中国投资项目的潜在风险，做好预防预控。而独立董事和专家可以从脱离利益的角度，对风险防控决策层面和执行层面的工作进行评估，提出独立的监督意见，对中国企业海外投资中可能存在的风险进行定性或定量分析，定期形成报告呈交风险预防决策层，使中国海外投资风险得到进一步有效的防控。

（二）切实履行企业社会责任，防范东道国社会风险

1. 中国企业增强环保意识，提升投资项目的环保指数

海外投资的中国企业在项目实施过程中，增强环保意识，增加环保技术的使用，减少污染排放，将对东道国的环境影响和环境损失降至最小，有效预防和化解可能引发的社会风险。中国海外投资集中在资源开发、基础设施建设和大型的水电火电项目，这些项目环保压力较大。中国企业应当摒弃"先污染后治理"的模式，做好项目的环保评估。坚持通过方案评估，才能投资经营的原则。企业必须严格按照东道国环保标准进行投资经营，避免因环保问题危害当地民众利益而引发抗议、骚乱等恶性群体事件。加强科学规划、合理施工、有效监控等措施，做到环保控制和节能减排贯穿投资项目的全过程。积极采用高科技的环境保护技术，坚持清洁投资和清洁生产，减少污染排放。企业应坚持污染者付费的原则，杜绝将严重污染的环境留给东道国，造成污染的企业必须投入充足的资金进行环境修复。邀请环保 NGO 对项目的开发进行全程监督，提升投资项目的环保水平，切实防控可能引发的社会风险。改变过分依赖政府公关的错误做法，加强与东道国民众、重要团体的沟通和联系，倾听民众的意见和呼声，避免出现因环保问题爆发的东道国群体性事件，有效防范和化解因环保问题可能带来的社会风险。

2. 严格遵循东道国劳工法律，妥善处理劳资关系

中国企业应积极推行雇员本土化的策略，严格遵循东道国劳动法律法规，妥善处理劳资关系，将中国企业打造成为东道国优秀雇主的良好形象。长期以来，海外投资的中国企业普遍存在社会责任意识淡薄，过分追求利益，漠视员工利益，不遵守东道国劳工标准的现象。中国企业的行为在东道国造成劳资关系紧张，在国际社会也给中国企业造成非常负面的影响，给中国企业在东道国带来巨大风险。中国企业应当增强社会责任意识，合法用工，避免因劳资问题引发的社会矛盾。

中国企业应加快推进本土化策略，优先考虑雇佣东道国劳工。目前中国企业海外投资集中在发展中国家，这些国家劳动力资源充足，东道国政府面临严峻的就业问题。中国企业应积极招募东道国工人，加以培训，而不应只考虑利润和工期，从中国国内带来工人。本土化策略的最终落脚点和支撑就是员工的，本土员工对东道国市场、语言、文化等方面的熟悉程度要远远优于中国员工，能够帮助企业避免和解决一些生产经营中的难题。同时，大量雇佣当地劳工参与项目也能够有效防范和化解东道国的社会风险，避免当地民众因不满中国企业而引发的社会风险。在发展中国家，不但要雇佣基层员工，还要提拔一批能力强、熟悉本国市场、具有一定人脉的东道国员工作为中层管理人员，提升企业内部沟通协调能力和管理能力，有效防范和化解东道国的风险。

3. 加强企业社会责任成果的宣传，改善中国企业的海外形象

企业在履行社会责任的同时，应当加强公益成果的宣传，改善中国企业在海外的形象。通过世界主要媒体和东道国媒体、世界著名NGO，宣传中国企业在履行社会责任和在东道国承担公益事业方面的成就。一方面塑造中国企业诚实守信的良好形象，另一方面使中国企业在东道国获得民众的广泛认同，降低东道国的社会风险。应借鉴日本和欧美企业的做法，把企业社会责任的公关宣传作为风险防控的重要环节和抓手。

由于西方国家鼓吹的一些中国负面言论，使得部分发展中国家对中国海外投资的项目存在偏见。在海外投资的中国企业应当加强企业社会责任的宣传，使东道国民众了解中国企业是重视社会责任的，是注重环境保护、遵守劳工标准、热衷公益事业，是具备强烈社会公益感的企业公民。中国企业的公关部门应通过拍摄纪录片、专题报道、访谈等多种形式，利用多种语言向东道国民众和世界宣传中国海外投资企业的社会责任；邀请NGO和西方主流媒体参观中国企业在海外援建的医院、学校等公共设施，通过它们的宣传，获得更广泛的认同。在工程建设中对生态环境、文物保护的情况，通过媒体报道进行及时的信息披露，使东道国民众更好地了解中国企业的社会责任。这些做法能加强东道国民众对中国企业

社会责任的了解，有效降低企业在东道国遭遇社会风险的可能性。

（三）优化对外直接投资布局，适度调整对发展中国家投资

针对目前中国企业直接投资区域的风险状况，企业应适当调整投资战略，优化对外投资布局，适当扩大对发达国家投资，调整和优化对发展中国家投资区域分布。中国对外直接投资区域风险的主要特点是绝大多数发达国家总体风险偏低，发展中国家总体风险水平较高，而中国企业的直接投资存量主要集中在发展中国家，面临着较大的风险，今后企业应对投资分布进行适当优化和调整。首先应适度加大向发达国家的投资。发达国家政局稳定、经济发展稳定、投资环境和营商环境等各方面均非常好，吸收世界大量资本的流入。总体来说，发达国家的风险要低于发展中国家。适当扩大在发达国家的直接投资，将有效降低中国企业遭遇东道国风险的概率，使企业的投资权益得到更好保障。中国企业特别是民营企业应当加大对美国、欧盟、澳大利亚等发达国家的投资，加大对发达国家高科技领域和先进制造业等领域的投资。国内的大型民营制造企业像华为、海尔、三一重工等企业应积极在发达国家投资开设研发中心，通过投资来获得先进技术、研发经验，带动企业技术优化升级，快速提升创新能力。

针对目前中国企业对外直接投资集中于部分高风险国家的状况，应适度进行调整，进行投资区域分布优化，降低投资风险。中国应对投资格局进行适度调整，借助"一带一路"倡议，加大对哈萨克斯坦、塔吉克斯坦等资源丰富且总体风险尚可的中亚国家的投资力度，适度降低或停止在利比亚、阿尔及利亚等政局不稳的非洲国家的投资。在非洲，企业也可进行适当的投资区域转移，在非洲范围内对投资进行优化布局来降低中国企业的风险。对于那些蕴藏丰富资源、国内局势稳定且和中国双边关系良好的非洲国家，像南非，可以加大投资力度。经过审慎考察后，企业可以将意向投资进行适度调整，如从刚果、埃塞俄比亚、赞比亚等高风险非洲国家调整到南非，降低和化解投资风险。

日本企业的海外投资发展历程表明，合理选择投资区位，有助于预防东道国的投资风险，非常值得中国企业借鉴。中国企业凭借"一带一路"倡议的重要支持，应当首先选择以东南亚地区为海外投资重点区域，切忌毫无针对性地在世界范围内投资。东盟各国尽管经济发展水平略逊于中国，但人口众多，地理距离较中国很近，政治局势较为稳定，经济非常有活力，市场潜力巨大。旅居东南亚的华人华侨人数众多，文化差异很小。总体而言，对于中国企业来说，投资风险较小，是非常理想的直接投资区域。由于近年来中国企业产能过剩，综合营运成本逐渐提高，生产加工、机械制造等行业通过向东南亚直接投资来提升中国企业在全球价值链的地位。

而对于资源获取型动机的投资来说，在"一带一路"倡议支持下，中国企业应加强对俄罗斯、哈萨克斯坦等各国的投资。这些国家与中国政治关系紧密，地理位置接近，同时政治局势稳定，中国企业对上述各国投资承受的风险要远远小于投资于委内瑞拉等一些能源国家。中国技术获取型投资企业，应当加大对英国、德国等西欧国家投资力度。由于美国加强了对于中国企业对美投资的审查力度，因此中国企业对美国投资，特别是高新技术领域的投资，应当慎重。总之，中国企业在选择对外直接投资区位时，应当对于东道国的风险进行全面分析和权衡，通过区域多元化的投资策略来防范和化解风险。

中国企业的海外投资过程中，应推行生产布局多元化，避免将全部生产线安排在一个国家。将生产线布局多元化，安排在同一个大洲的多个国家，一方面可以实现高度分工，提高效率，实现专业化大生产；另一方面可以使资产得到保护，即使出现一个东道国对中国企业的生产线收归国有，损失的也只是全部生产线的一部分，绝大部分生产线仍然存在，可以通过在第三国投资新生产环节，使整条生产线继续运行。通过生产布局多元化，也降低了东道国对中国企业国有化的概率。由于控制生产线的一个序列的价值是非常有限的，所以东道国往往也降低了侵吞中国海外资产的意愿。在生产布局多元化的同时也要实现分销渠道的分散化。中国企业应当牢牢控制产品的分销渠道，使分销渠道分散化，从而使东道国无法对中国企业的资产进行有效征用或国有化。即使东道国征用了中国企业的生产加工部门，但由于分销渠道还控制在中国企业手中，东道国无法盈利，也就大大降低了征用的风险。

（四）灵活实施多元化策略，分散投资风险

海外投资的中国企业应灵活推行多元化策略来有效分散投资风险。中国企业海外投资频频遭遇风险的一个重要原因是股权结构单一，中国海外投资的项目基本上都是中资独资。作为独资企业，在东道国是外资，在经营决策上享有便利的同时也意味着中资企业要独自面对东道国的各种风险，这一点上不如合资企业。这些问题都会提高中国企业在东道国遭遇风险的概率。中国企业应灵活实施多元化战略，分散和降低东道国的风险。

目前，造成中国企业海外投资风险高的一个重要原因就是中国企业"独来独往"，海外投资的股本结构单一，基本都是独资，这就造成了一旦东道国发生风险，中国企业只能独自承受的局面。中国应借鉴20世纪80年代日本企业实施海外投资多元化的经验和做法。日本在投资海外资源类项目时，往往不是绝对控股，引入东道国企业或第三国企业，达到风险共担的目的。中国企业应多与东道国企业合资，利用东道国公司在当地的社会资源和消息网络，妥善处理一些中国企业难以处理的生产经营问题和政府关系难题，降低东道国政治风险和社会风险。同时，可利用东道国公司在当地的融资便利，解决海外融资难的问题，减轻中国企业的海外资金压力。中国企业目前在这方面做得非常不够，企业思维局限于"单打独斗"，应当加强与发达国家企业联合并购、联合投资的力度，既能降低风险，也能学习发达国家跨国公司防范风险的经验。

中国企业对于投资的产业，也要采取多元化的策略，来分散风险。据统计，目前中国海外直接投资存量中超过半数是投资于资源型产业。资源型投资面临的风险较大，发达国家政府易以保护国家安全为由对中国企业投资进行限制，发展中国家的政治风险较大。中国企业海外投资应丰富产业进入的多样性：对于东盟各国，可选择农林等第一产业、加工制造等第二产业；对于西欧，可选择新兴科技、地产金融等第三产业；对于美国，可选择机械制造、新兴科技等产业；对于非洲和拉丁美洲，可适当加大劳动密集和技术密集型产业的投资力度。同时，中国企业在选择进入东道国产业时，应充分了解和掌握东道国的产业政策，避免进入东道国政府大力扶持的民族产业。选择进入中国企业比较优势明显的产业，避免和东道国产业政策对抗，而应顺势而为，降低和预防东道国的风险。中国企业通过加快实现海外投资产业的多元化，来分散和降低风险。

（五）积极争取东道国的优惠政策

中国企业应积极争取东道国优惠政策和安全承诺，特别是发展中国家的优惠政策，降低东道国的各种风险。中国企业海外投资主要集中在发展中国家，这些国家为了吸引外资，在税收、金融等多个领域会推出优惠政策。近年来，中国政府积极开展经济外交，努力改善与广大发展中国家的双边关系，企业可积极向东道国争取各种优惠政策，降低各种成本费用，降低企业在东道国的风险，更好地保障中国企业在东道国的权益。应主要从以下几个方面着手：

（1）东道国政府保护性承诺。由于中国政府在世界范围内开展对外援助，企业可要求东道国对中国投资企业进行必要的保护，通过立法和政策来保障我国企业的权益。首先要确保中国工作人员的人身安全和行动自由，还要保障中国企业资产、机器、设备在东道国境内的安全；保证中国企业的投资收益能够顺利转移出东道国；保证东道国政府不会对中国企业投资采取国有化或类似措施。

（2）财税优惠政策。进行海外投资的中国企业应当向东道国政府争取税收优惠的具体政策，通过减税、免税来降低企业的资金负担，有效降低企业在东道国的风险。包括降低关税征收比率、延长免税期、扩大低息贷款比例等诸多财税方面的优惠。

（3）经济特区政策。发展中国家为了吸引外资，在本国区域内设置若干个经济特区，区域内的外资享受非常优惠的政策，往往比一般引进外资的优惠政策力度更大。经济特区的优惠政策包括税收减免、进入特殊领域行业、权益得到优先保障等内容。中国已在白俄罗斯、埃及等国通过投资在当地设立经济特区，区域内的中国企业能享受各种政策优惠。在中国企业进入东道国时，应当积极和当地政府谈判，多争取经济特区项目，多争取优惠政策，进一步防范和化解东道国的风险。

（六）制定完善的撤退战略，防范突发风险

1. 妥善制定撤退战略

对于部分风险极大的东道国，中国企业应当事先制定完善的撤退战略来防范突发风险。尽管投资撤离会使中国企业遭受巨大损失，但在非洲一些政局动荡、战乱频发的东道国，及时撤退非常必要。利比亚国内战争爆发时，正是由于中国企业没有制定撤退战略，短时期内风险急剧恶化，全部投资几乎损失殆尽。因此中国企业应事先制定完备的撤退战略，尽可能降低风险带来的损失。第一，积极和中国驻当地大使馆联系，对企业工作人员撤离做出妥善安排，安排掌握核心技术的人员优先撤离，确保所有员工的人身安全；第二，分批次将中国企业在东道国的不动产变现并兑换成美元，一经兑换即刻汇往国内母公司，同时将企业留存资本也兑换成美元汇回母国；第三，将原材料、半成品等难以变现的物品以低价销往母公司，尽可能使更多资产以货币形式回归母国；第四，决定撤资以后，立刻告知母公司，停止所有和母公司的业务联系，资金只出不进，尽可能确保母公司的资金安全。第五，撤退时机宜早不宜迟。一旦出现短期风险恶化的征兆，企业决策者应当果断撤离，将重点人物、重点财物优先转移，做到有计划、有步骤地撤离，将投资损失尽可能降低。

2. 提前将现金转移至国内

为了防范东道国突发风险，中国企业在海外直接投资过程中，特别是海外投资的中后期，尽量将公司现金和利润返回国内，实现短期利润的最大化，防控海外投资风险。在海外投资的中国企业采取的方法包括降低投资额以维持日常生产，降低营销费用，提升产品定价，削减企业培训计划等，使企业经营的现金流在短期内积累至最高，然后定期将这些利润转移至中国。这样就能有效防范一些东道国占用或侵吞中国企业海外权益的风险。该项措施适用于中国企业在东道国海外投资时间较长，中国企业生产的产品在东道国市场有较高占有率的情况。实行短期利润最大化防控风险，需要基于东道国风险状况的预见性，必须在东道国对中国企业国有化实行征用前的一段时间，提前实施营销方面的利润最大化策略。

如果企业的海外权益遭遇突发的东道国政治风险或经济风险，应当积极与东道国政府进行谈判，并进行索赔，将中国企业的损失降低到最小。在得到征用的消息之后，应当立刻组织各种资源和力量抓紧制订谈判计划，争取使东道国政府撤回征用中国企业海外资产的决定。企业应采取灵活多变的政策，对东道国做出扩大投资或雇用更多东道国员工的承诺来换取征用的取消或废止。如果企业和东道国政府的谈判没有成功，可以采取经济手段、政治手段和法律手段与东道国政府进行对抗，延缓或抵制征用给中国企业带来的风险和损失。中国企业还可以利用经济手段来抵制东道国政府对中国企业海外权益的侵犯，如降低或切断关键零部件或关键技术环节的供应，对主要产品的出口市场进行封锁，使东道国的征用难以为继。如果东道国政府态度强硬，那么企业应当采用政治方式进行谈判。政治方式包括向中国外交部和商务部请求帮助，敦促东道国政府放弃征用或提高补偿费用；通过向东道国在野党求助，向执政党施压，向WTO和相关国际组织求助，扩大事件在国际上的影响力，增加东道国政府推行征用的压力，迫使东道国政府推迟或放弃对中国企业海外资产的征用。在采取上述两种手段未果的情况下，中国企业可以采取法律手段来应对东道国政府的征用，分别在东道国和中国提起诉讼。在一些司法独立且执行公正的国家，法律诉讼能够帮助中国企业最大限度地挽回经济损失，甚至判决东道国政府的征用非法。中国企业也可在中国提起法律诉讼，利用中国法律来维护在海外投资的权益。

（七）灵活利用金融工具，防控经济风险

中国对外投资企业应当加强投资过程中金融风险的防控。东道国的金融风险属于经济风险的一种，属于微观风险，需要中国海外投资企业自行防控和化解。由于中国企业对外大规模投资历程较短，难以有效应对复杂多变的金融局势和防控巨大的金融风险。应主要从以下几方面着手防控和化解东道国的金融风险。

中国企业应在东道国积极推进以人民币结算，降低本币的使用量，进而降低由本币剧烈波动引起的汇率风险。中国企业充分利用亚投行、世界银行、丝路基金等国际金融组织，通过低息或免息贷款来获得资金的长期安排，避免资金错配。同时充分利用掉期保值、远期、国际保理、福费廷等金融对冲工具来对冲汇率波动可能引起的风险，最大限度地维护中国资产的价值。在使用金融对冲工具时，应当注意金融衍生品的风险性，避免使用较大杠杆率的金融衍生品。针对东道国的通胀风险，在对该国投资初期，中国企业应当在采购货物和设备时进行管控通胀的措施。和供货商通过签订长约，来锁定价格，降低通胀带来的成本上升的风险；在供给端依照东道国的通胀水平，对投资项目产生最终的产品适度提价，借以对冲通胀带来的风险。

对于外汇难以转移风险，作为微观经济主体，中国企业只能采取在合同中约定大部分款项以人民币结算或以美元结算，小部分以本币结算。同时在投资前，中国企业和东道国政府签署外汇自由流出和自由兑换的担保协定，最大限度地防控外汇难以转移的风险。此外，利用多种金融工具来防控利率风险。中国企业在东道国进行投资谈判时，及时约定以固定利率的贷款担保和政府的利率保证等方式抵御利率波动风险。在建设项目过程中，对于投资所需的采购和其他项目开支，利用美元、欧元、人民币等硬通货的货币组合，来对冲利率波动带来的风险。在国际市场上，使用相关的金融衍生品工具对冲利率波动可能带来的风险。

随着中国企业对外直接投资规模的逐渐加大，融资多元化成为防范东道国风险的重要手段。中国企业对外直接投资需要大量资金支持，应当积极邀请国际大型银行、欧美知名银团和东道国财务机构共同提供融资服务，使融资结构多元化。由于这些资金属于多个国家，也代表了多个国家的利益，风险得到一定的分散，东道国进行征用时难度加大。实现融资多元化的方式包括：

（1）多渠道借款。海外投资的中国企业为了项目需要，应当向多个国家的银行或金融机构借款，适当增加在当地金融机构借款的比例。东道国为了维护在国际金融市场上的信誉，很少让这种联合贷款违约，如果东道国政府试图侵占中国企业的资产，将会触动多个国家的利益，这种概率比中国企业全资投入一个项目要小得多，从而有效防范了政治风险。

（2）在东道国融资。在条件允许的情况下，中国企业在海外投资过程中应当增加东道国融资的金额。通过在当地融资，一方面可以有效避免本币汇率波动引起的经济风险；另一方面，降低中国企业被东道国实施国有化的风险。通过获得东道国金融机构的融资，与东道国金融机构形成了利益共同体，东道国金融机构在相当大程度上会主动维护中国企业的海外投资权益，有效防控东道国政府侵吞中国企业海外资产的风险。

（八）加强对海外投资企业的审计

加强对海外投资企业的审计是非常重要的环节。对于国内企业内部对于对外投资风险管理机构进行审查，同时聘请外部审计公司对于企业投资内容和过程进行审计，对于有效预防和控制企业对外投资风险具有非常重要的意义。

1. 加强对海外投资企业的内部审计

首先应当审查企业风险防控机构的完善性。对于中国企业构建的风险防控组织，应重点从它的人员构成、成员专业化程度、风险预防是否规范等多个角度出发，审视该组织的合理性。重点审阅海外投资的企业的卷宗，何时建立对外投资的风险管理机构，组织架构是否合理；该机构是否制定风险管理的相关制度，制度执行是否严格；该机构举行的投资相关的会议是否有记录，记录是否详尽。通过上述几个方面对企业内部的风险管理机构的基本情况进行审核，如发现尚未建立风险防控机构，则内审部门应敦促其加快建立相关机构，并制定风险管理制度。

应当对中国企业投资风险管理程序的规范性和合理性进行审查。从海外投资、法律法规、外交关系等多个角度进行审查，确保中国企业风险防控程序合理。内审的重点首先是对海外投资项目的会计是否执行严格制度规则。内审人员通过调阅海外项目的会计制度和相关账目，并进行实地考察来了解企业对外投资项目内部会计的真实情况。对海外企业的投资会计岗位进行内部审计，重点审查是否严格按照制度编制投资预算、是否严格对海外投资项目进行分析、是否严格按照制度对投资进行科学决策、对海外投资资产的处置流程是否科学、对外直接投资的业务金额是否与会计账目吻合等。此外，还应对海外投资企业在相关项目授权的合理性进行审计，审查相关会计的审批人是否严格按照风险管理制度的相关规程进行审批、有无未经授权擅自执行对外投资的项目和人员。

对海外投资企业的对外投资决策过程的合规性审查。内审人员通过调阅相关文件，审查企业投资的项目和预算是否存在和东道国产业政策相抵触的现象，是否符合东道国的经济发展和社会发展的需要、对外投资可行性报告是否严谨、承担可行性研究的机构是否具有资质、对可行性报告和项目的最终决策是否有书面的审议和表决记录。此外还应对项目预算的可行性报告进行审查，是否严重超出预算。从财务的角度，应重点审查项目需要的资金、预期现金流量、投资效益、投资的安全性是否达到合理的精确度。

对风险评估原则的合理性和评估方法的科学性进行全方位审查。中国企业海外投资的风险评估原则和评估方法对评估效果具有至关重要的影响，该原则和方法不是一成不变的，而应根据不同的东道国和不同的政治经济局面进行动态调整。审查的重点就是要杜绝"一成不变"的评估方法和放之四海而皆准的评估原则，必须坚持科学的、动态的评估原则和方法，才能对中国企业海外投资的风险进行有效预防和化解。

重点对于海外投资企业的资产投入进行审计，包括商务合同的合法性、合同谈判的详细纪要、资金使用是否按照预算投入的进度要求；是否存在资产使用的延迟或提前、是否存在未经授权的中止投资。对海外投资企业的资产持有也是重点审计的对象。对企业是否配备专门人员进行投资项目的跟踪、负责风险控制的人员是否对企业的财务明细和经营状况完全了解；对于海外投资收益，是否及时入账并建立详细的会计记录；会计记录是否完整、准确和及时。上述条目都是内部审计的重点，对于企业风险防控具有非常重要的作用。

2. 加强对企业的外部审计

加强对海外投资的中国企业进行外部审计，是防控和预防风险的重要环节。外部审计历来是防控投资风险的重要手段，对于大规模对外投资历程并不长的中国企业来说，外部审计存在很大缺位，应当加快推进对海外投资的中国企业的外部审计。

首先应当聘请世界知名会计师事务所，提供高质量的外审服务。世界著名的"四大"[①]会计师事务所，审计专业高效，服务质量优良，在世界多国都有分公司，熟悉各个国家的审计要求。中国海外投资企业应当聘请四大会计师事务所，对我国投资项目进行审计，并出具相应的审计报告。重点对投资项目的可行性、投资项目程序性、投资金额以及项目后续和资金使用是否合规进行审计。利用会计师事务所的审计报告，海外投资的中国企业对项目潜在风险进行预防和控制，对整个项目已经出现或可能出现的风险点进行重点控制，充分遏制风险，提高对外投资的收益，维护中国企业海外利益。

外部审计必须全程介入。从中国国有企业进行海外投资立项开始，外部审计就应当介入，直至项目终止核算，必须全程进行外部审计。事前应当对项目的可行性、预期收益、预期风险等重点指标进行事前审计。项目进行过程中，应重点对于项目的会计账目、真实收益、资产负债率进行重点审计，重点排查账目的真实性、负债率是否在可控范围之内，是否有充足的现金流进入。通过对重点会计账目的审计，关注项目的收益性。如果事中发现项目收益突然恶化或有恶化迹象，应当敦促中国企业尽快查找原因，对潜在风险进行控制，保障投资收益。事中外审的核心是审查资产的安全性。事后审计主要对整个项目的收益性、环保成本、东道国劳动力遣散等问题进行审计，认真审计相关问题，仔细排查是否存在后续可能激发东道国民众情绪的环保问题和社会责任问题，预防和控制投资项目的风险。

应从对外投资的经济性、效果性和效率性三个方面出发，加大外部审计力度，

[①] 指全球专业水平最高的四家会计事务机构，普华永道（PWC）、德勤（PTT）、毕马威（KPMG）、安永（EY）。

有效防控对外直接投资的风险。外部审计的重点内容之一是对外投资的效果审计。外审公司应主要从投资项目的经济收益、社会效益和对东道国环境保护等直观指标进行重点审计，控制中国企业在海外投资的风险。外审公司应当对中国企业对外投资经济性进行外部审计，重点对投资项目的预算和成本控制进行审计。中国海外投资企业普遍缺乏内部审计，预算存在一定的漏洞，通过对预算进行外审，杜绝虚报预算，节约投资资本，有利于从项目开始初期即进行控制风险。对建设成本加强外审，可以杜绝虚报建设成本，对于项目建设过程中不必要成本进行压缩控制，降低不必要的开支，及时调整不利因素。外审公司应从对外投资效率性进行审计。由于中国对外直接投资主体中国有企业占主体地位，存在着资金使用效率低下，过分使用资金的现象。应当加大对投资使用效率的审计，杜绝无成本使用资金，降低不必要使用资金，提高资金的使用效率，提高资金的投入产出比，提升对外投资的效益，预防和控制对外投资风险。投资效率性的外审应当实行常态化和动态化相结合的方式，提高海外投资企业的投资收益。

  应加强对中国企业海外投资项目前期的外部审计，重点从投资合规性、投资可行性和投资预期效益性等方面进行外部审计。由于目前海外投资企业主体主要是国有企业，存在严重信息不对称和委托代理问题，利用海外投资对国有资产进行侵吞，投资合规性极差，缺少投资审批或论证的关键步骤，为国有企业资产在海外受损埋下伏笔。因此，必须聘请外方会计师事务所对投资项目的合规性进行前期审计，一旦发现存在合规性问题，必须中止投资项目，防控海外投资的风险。加强对投资项目可行性外审。由于缺乏对投资可行性的外部审计，部分国有企业和一些民营企业仅凭强烈的投资意愿就进行投资，造成预期收益和真实收益存在较大出入。必须加强投资可行性的外部审计，敦促海外投资的中国企业严控投资风险，将一些潜在风险大的项目杜绝在可行性论证阶段，才能最有效地预防风险。加强对投资项目的预期效益进行外审。中国企业对外直接投资的目的是使资产保值增值，必须对投资项目的预期收益性进行审查。如果项目风险大，但收益性小，通过外审可将这些项目从投资决策中排除，选择预期效益较高的项目，这样才能从根本上对企业海外投资风险进行预防。

  根据审计情况建立激励机制。海外投资的中国企业应当根据外部审计和内部审计的情况，建立正向的激励机制和反向的惩罚机制。经过内外审计后，对于项目合规性不合格,投资决策不合理、经营过程风险控制不合规而造成企业遭遇风险并亏损的,应及时追究企业决策层和生产经营层的责任,从经济方面进行处罚,对其进行降级或免职处理。经过审计后,发现存在严重主观故意造成国有资产损失的经营者,将其移交法院处理。而对于诚实合规经营,经审计,投资合规性好、投资经济效益良好的企业,应当给予经济管理层一定的经济奖励,对于实现国有资产较大增值的经营者,进行职务升迁。目前最紧迫的任务是建立反向惩罚机制,迫使一些国有企业的决策层增强风险意识,优化风险防控手段,提升风险防控效果。

二、政府层面风险防控的对策建议

海外直接投资涉及面非常广,提供必要的公共服务来降低企业的风险是政府的重要职责。因此构建海外投资风险防控体系,政府层面的努力必不可少。中国企业大规模海外投资的时间并不长,政府层面的风险防控体系尚未建立起来。这里,主要从加快建立中国海外投资保险制度,加快成立对外直接投资风险评估机构,建设信息服务支持体系,加强经济外交,加快颁布对外投资相关法律等方面入手,构建政府层面的投资风险防控体系提出对策建议。

(一)加快建立中国海外投资保险制度

加快建立中国海外投资保险制度是降低企业投资风险,保障企业海外权益的首要任务。对于快速发展的中国对外直接投资,海外投资保险制度是防范风险的重要防火墙。由于海外投资风险具有爆发突然性和破坏性大的特点,即使事前优化投资决策、事中严密防范风险,也不可能做到百分之百化解和防控东道国风险。一旦企业遭遇风险,没有海外投资保险制度的保护,企业必须独自承担全部损失,这将使中国企业在海外的权益受到极大损害。多数发达国家建立完备的海外投资保险制度,有效化解和降低海外风险,保护本国企业海外投资的权益。目前我国海外投资保险制度尚未建立起来,存在着海外投资保险覆盖面窄、保费偏高,企业投保率低,代位追偿权问题尚未解决等问题。海外投资企业一直在东道国遭遇风险,损失惨重,难以弥补。加快建立海外投资保险制度成为化解和防控企业投资风险一项至关重要的任务。

1. 加快成立中国海外投资保险公司

加快成立中国海外投资保险公司，专门负责处理中国企业海外投资保险申请和理赔业务，是建立中国海外投资保险制度的首要任务。由于目前中国没有专门负责企业海外投资保险业务的公司，难以为广大企业提供令人满意的保险服务。目前，中国海外投资保险业务是以中国出口信用保险公司为主体。中信保的主营业务是出口贸易保险，国内的海外投资保险还存在较多问题：海外投资保险业务不是中信保的主营业务，投入财力精力有限，远远满足不了快速增长的中国企业海外投资。

将中信保的海外投资保险业务部门独立出来，扩充人力资源，建立中国海外投资保险公司。该公司定位于为中国企业提供海外投资保险服务，性质是非营利性的政策性公司。其注册资本金由中央政府提供，可以通过法定程序对运营资本进行追加。成立后，中国海外投资保险公司应从以下几方面着手，为进行海外投资的中国企业提供更优质的保险服务：第一，下调海外投资综合保费率。综合保费率从目前的4%下调至2%以下，通过保费率的下调来扩大海外投资保险的覆盖面，使承受能力有限的中小企业也能够没有后顾之忧，在积极进行海外投资的同时享受保险的保障，有效化解和降低风险。第二，丰富海外投资保险的品种。包括由于宗教冲突导致的海外投资受阻的风险、东道国无故推迟支付的延迟支付险、针对蓄意破坏和息工设置的特别险。在承保政治风险的基础上，积极探索承保经济风险、金融风险、社会风险等其他风险。政治风险是目前中国企业海外投资的主要风险，但其他风险给中国企业带来的损失也不容小觑，通过开发新的险种，扩大风险产品的覆盖面。应当以问卷调查、座谈等形式加强与企业在保险产品方面的沟通，及时推出新的保险品种。通过丰富海外投资保险产品来增强海外投资保险能力，扩大海外投资保险的覆盖范围。第三，扩大承保范围。目前中信保对企业海外投资的险种覆盖范围偏小，与国外同类的险种相比，范围较窄。将常见险别的承保范围扩大：征收险应在现有基础上包含政府直接征收行为、重税、禁止分红等行为；汇兑险应增加由于东道国歧视性汇率造成的损失；战争和暴乱险应增加东道国境外的暴乱造成中国企业的损失。

2. 多措并举为中小企业投保提供便利

为海外投资的中小企业提供包括保费价格优惠和程序便利在内的多项便利条

件。中小企业经济实力有限，抗风险能力较弱。但中小企业和民营企业的海外投资动机多是技术获取型、战略资产获取型，具有较强的创新潜力，应当给予支持。针对申请海外投资保险的中小企业，在保费价格上给予较大幅度的优惠。对于中小企业遭遇风险后的索赔，中国海外投资保险公司应加快理赔速度，使中小企业较快拿到赔付资金，降低资金周转的压力。此外，借鉴日本在保护中小企业海外投资方面的经验，建立海外投资亏损金制度。管理部门对进行海外投资的中小企业按照一定的比例提取准备金，享受免税，将减免的税金形成准备金库。如果中小企业在海外投资过程中遭遇风险，则管理部门从准备金库中拿出一定金额对中小企业进行补偿，减少中小企业的损失，使中小企业能积极进行海外投资。

（二）立法机构加快颁布海外投资保险法

加快建设和完善中国海外投资保险立法，通过颁布《中国海外投资保险法》，来保护中国企业在海外的投资权益。随着我国企业"走出去"步伐加快，对外直接投资法律方面的弊端暴露得越来越明显。由于对外直接投资立法滞后，国内缺少海外投资基本法律，中国投资企业屡屡遭遇风险而缺少法律保护，损失惨重。美国在这方面的经验非常值得中国学习：通过颁布《对外援助法》等多部海外投资法律，形成了保护美国企业海外投资权益的法律体系，通过法律将代位求偿权和双边投资协定紧密衔接起来，降低美国企业对外投资风险。中国立法机构应当加快制定中国海外投资保险法，形成具有中国特色的海外投资法律体系，给予海外投资的中国企业法律保护，有效降低和化解中国企业的风险。

中国加快制定并颁布一部符合国情的《海外投资保险法》，规范和调节企业海外投资保险行为。目前，发达国家在海外投资保险立法方面存在三种不同的方式：美式、德式和日式。鉴于中国国情和中国企业海外投资的情况，中国应当主要参照美式海外投资保险法，在制定法律时应当注意以下几点：在承保机构、承保对象和代位求偿权几方面进行明确界定，更好地保障中国企业的权益。首先，在承保机构方面，由独立的保险公司经营海外投资保险业务。通过设立中国海外投资保险公司来独立处理中国企业海外投资保险理赔业务，从法理上确保承保机构和海外投资审批机构的相互独立，也赋予了中国海外投资保险公司运营的合法性。

其次，将代位求偿权通过法律规定为中国海外投资保险公司的权利。代位求偿权是承保机构代替中国企业向东道国政府交涉、理赔的关键权利。应当通过法律形式进行规定，由中国海外投资保险公司为所有参保企业向东道国政府进行理赔。依照美国私人海外投资公司的做法，由中国海外投资保险公司先行赔付遭受损失的中国企业，再由中海保公司向东道国政府进行索赔。通过法律赋予中海保代位求偿权，保障中国企业海外投资的权益。

海外投资保险法对于承保对象应当进行明确的界定：主要应从投资者、投资、东道国三方面是否合格进行明确的规定。只有三个方面都符合法律规定，才具备申请海外投资保险的资格。合格的投资者必须是进行海外投资的中国自然人、在中国成立的各类法人、非法人企业，以及由中国自然人、法人控股的外资企业。合格的自然人投资者必须是在国家政策允许范围内的海外投资业务的投资者。合格的投资必须同时满足投资形式、投资内容和投资时间三项规定。投资内容必须符合东道国法律和国内法律，该投资具备较强的可操作性和一定的盈利空间，能够较好促进东道国和中国的经济发展。对于企业的投资形式，不做具体规定，企业可以利用各种形式的资产进行海外投资。投资时间是指能够获得保险保护的项目必须是先承保、后投资的项目。对于合格东道国的规定，为了更好保障中国企业的利益，本书建议将合格东道国规定为与中国签订双边投资协定，和双边关系为全面合作伙伴关系或更高层级的国家。这样规定将有利于发生风险后，中国海外投资保险公司代位索赔，更好地行使代位求偿权，维护我国企业的利益。

（三）加快与东道国签订双边投资协定

中国应加快与广大发展中国家以及主要东道国签订双边投资协定，完善相关保护条款，更好防范和化解中国企业海外投资的风险。双边投资协定是保护我国企业海外投资的重要国际法，也是实行代位求偿权的重要保障。

1. 加快推进中美、中欧双边投资协定谈判

加快推进中美、中欧双边投资协定谈判，争取早日签订中美和中欧双边投资协定。目前中国在美国和欧盟的投资存量巨大，随着中国高科技企业和金融类企业对欧美投资步伐的加快，中国在美国、欧盟投资规模将大幅提升，美国和欧盟将成为中国香港地区之后的吸引中国内地对外直接投资的主要东道国和地区。然

而中国和美国、欧盟在政治经济领域存在竞争关系，由于缺乏双边投资协定的保护，中国企业在欧美的投资屡屡遭遇各种风险，遭受巨大损失。应当通过签订双边投资协定，来保护中国企业在欧盟和美国的权益。目前，中欧、中美双边投资协定谈判都已经开始。在双管齐下的同时，应有所侧重：适度加快中欧双边投资协定的进程。这是因为欧盟没有固定的谈判范本，灵活度更大；欧盟是由多个国家组成，各国经济水平和利益存在差别，中国可以掌握更多的主动权。从策略上，与欧盟先达成双边投资协定，更多地向欧盟直接投资，会使美国的压力增大，客观上会给中国在中美双边投资协定谈判中带来一定促进作用。与美国进行BIT谈判不能急于求成，因为美式BIT是目前世界上开放程度最高，也是标准最高的BIT。中国企业和中国经济状况短时期内难以适应美式BIT。应当根据中国企业和中国经济的情况，采取渐进式或过渡式的投资开放模式，切忌盲目开放，对国家利益造成巨大损害。因此，在谈判中，应当提出中国主导的双边投资协定范本，将私人投资者和东道国的利益进行更好的平衡。通过谈判，提升中国在国际投资领域的话语权，同时也能够更好地保障中国的国家利益。

2. 加快与投资存量大的发展中国家签订双边投资协定

加快与投资存量大的发展中国家签订双边投资协定。中国应加快与刚果（布）、刚果（金）、哥伦比亚等国家签订双边投资协定。这些国家是中国直接投资存量排名靠前的东道国，不乏政治经济局势不稳定的非洲国家。加快和这些非洲国家签订BIT来保护中国投资企业的权益。对于条约内容陈旧的BIT，重新谈判签订。包括土库曼斯坦、塔吉克斯坦、阿联酋等国在内的BIT，都是在20世纪80—90年代签订的，BIT内容难以起到保护中国海外投资的作用，应当对相关内容重新谈判签订。对于这部分BIT，中国应加快与东道国进行谈判，重新签订新的BIT。在谈判中，应提高中国企业在东道国投资待遇相关条款的谈判，以更高、更新的标准谈判，更好保护中国企业的海外利益。在谈判过程中，侧重中国企业的权益维护，更多地从资本输出国的角度出发。长期以来，我国制定BIT时多是从资本输入国的角度去制定，相关条约也倾向于企业在中国国内的利益保护。在今后的BIT谈判时，应更注重中国企业的海外利益保护，通过BIT来防控和化解中国企业在东道国的各种风险。

（四）加快成立对外直接投资风险评估机构

1. 加快建立海外投资风险评估机构

政府应牵头加快成立海外投资风险评估机构，为海外投资的中国企业服务，防范海外投资的各种风险。由于对外直接投资风险评估非常复杂，涉及世界近两百个国家，前期投入较大，是一项带有公共服务性质的工作。为了解决目前缺乏高水平海外投资风险评估机构的问题，政府必须牵头成立该评估机构。该机构定为中国企业提供量化风险评估服务和针对性的风险防控建议。初始运行资本由政府出部分，大型企业出部分。运行成熟后，政府逐渐退出，将该机构打造成商业性评估机构，类似于美国的商业评级机构，产品和服务要经受市场检验。

中国对外直接投资风险评估机构要在风险评估质量和专业性上达到国际领先水平。产品服务定位于精确化、数量化、动态化、广泛性，改变目前国内海外风险评估以定性分析为主的现状，提高评估的科学性；改变目前风险评估报告一年发布一次的现状，提高风险评估发布的频率，争取每月发布一次，使风险评估的动态化大大加强。产品内容既要有国别总体风险，也应细分为政治风险、经济风险、社会风险、双边关系等重要子指标，所有指标均做到量化评估，使中国企业对东道国的潜在风险情况充分了解，提高风险防控效果。同时评估的地域范围应覆盖中国企业投资的绝大多数东道国，给出详尽的量化分析；对于个别数据难以获得的东道国，也要给出基本风险情况介绍和定性评估。在风险评估的基础上，丰富产品的品种，针对海外投资企业的国别提出个性化的风险规避方案，帮助企业提高防控风险的水平。

加快建立符合中国国情的对外投资风险评估指标体系。在评估技术的选用上，既要运用西方先进成熟的量化工具和指标，又不能照搬照抄，全盘西化，不能脱离我国国情和特点，建立起符合中国对外投资特色的技术指标体系。要及时跟进和了解世界前沿的风险评估技术方法，不断提升风险评估的精确度。对外投资风险具有突发性、易变性、隐藏性等特点，仅依靠风险防控系统是难以完全预防和掌控复杂多变的东道国各种风险和波谲云诡的世界政治经济局面。对于收费标准，在政府资本存续期间，风险投资评估产品实现无偿共享。做好前期市场推广工作，通过推介、广告等形式使海外投资的企业了解和使用风险投资评估产品。投入使用一个阶段后，广泛征求广大海外投资企业的意见，对评估系统优化改良，使评估体系更完善。此后,全面实行商业化,风险评估产品按照市场化标准收费,通过市场检验来保证风险评估的准确性和可靠性。对于中小企业用户给予一定的折扣,使高质量的风险评估的受益范围扩大,来帮助企业防范东道国的各种风险。

应当加快建立对外直接投资企业微观数据库,充分利用大数据技术,将企业使用外汇额度、每月经营流水、经常账户往来等数据统一进行上报,形成一个企业微观数据库,便于职能部门事中事后对企业对外直接投资风险的监控,为预防和化解中国企业风险提供帮助。应完成信用代码的统一,每个企业使用统一的信用代码,这样使该企业的相关数据信息能够在外管局、海关、商务局等部门能够实现数据无缝对接和互联互通。各主管部门能够自由调取每个对外直接投资企业的微观数据,对于数据的异动进行监控,并对企业在海外投资风险进行提示。使用统一信用代码后,中国对外直接投资企业应按季度向监管部门报告相关经营信息,信息包括企业的对外投资流量、利润、雇用情况。由事中监管职能部门实时对数据进行分析,利用大数据技术量化分析和预测未来可能出现的投资风险,形成预警报告反馈给中国企业,优化企业投资和经营决策。

2. 加快建立风险防控人才队伍

应加快培育风险防控人才队伍,形成防控风险的中坚力量。既要大力引进国外风险评估人才,又要积极培养国内人才,形成合理的人才梯队。必须组建一支具有良好法律、经贸、投资、管理、风险控制等多领域复合的人才队伍。这也是目前构建中国海外投资风险防控体系的关键环节。

首先,应当在世界范围内特别是东道国境内,吸纳大批在法务、投资、外交、东道国政商环境方面有经验的人才,以有竞争力的薪酬吸引他们为我所用,形成一支稳定有竞争力的队伍来甄别中国企业对外投资中可能遭遇的风险,有效防范和化解风险。利用这些高端人才,重点做好东道国基础设施投资、企业对外直接投资风险预防以及国际事务协调等方面的工作。

其次,应当做好人才共享和知识共享。这些拥有实际投资经验的风险管控人员的报告应当在更广范围内发挥作用,安排中国企业年轻有竞争力的员工向这些资深防控人士学习经验,为中国企业对外直接投资风险防控人才队伍培养后续人才。中国驻东道国的使领馆和商务参赞处应采用市场化的方式聘请熟悉东道国政治经济、社会文化、政策制度等方面的资深人员,定期为海外投资的中国企业员工进行东道国风险防控方面的培训，对东道国政策变动、政治局势做定期梳理。

（五）完善海外投资信息服务

加快构建海外直接投资信息服务体系，提供丰富、高质量的情报信息来满足投资企业的需求，防范和化解信息不对称带来的投资风险。由于海外直接投资信息服务涉及多国信息的搜集、整理和汇总，是一项复杂且繁重的工作，一般企业难以独立完成。这项工作应由政府完成，为企业提供公共服务。对外直接投资是一项复杂的投资，需要充足的东道国信息帮助企业实现投资决策的科学化和合理化，防范和化解风险。加快建立中国海外直接投资信息服务体系具有非常重要的意义。

目前中国没有为企业"走出去"提供信息服务的专门机构，相关部门网站上对外投资服务方面的信息非常有限。加快建立海外投资信息服务体系，可以借鉴美国和日本的经验和做法。作为海外投资大国，美国和日本都建立了完备的投资信息服务体系：美国通过驻外使领馆和商务参赞处、美国小企业局、海外私人投资公司和各种商业评级机构建立完备的信息支持体系，为企业提供全方位的信息服务支持，帮助企业优化投资决策，降低企业投资遭遇风险的概率。日本通过行业协会、经济产业省、中小企业振兴实业团等各种机构，搜集一百多个东道国的政治动向、产业政策、法律法规等信息，整理并及时向企业提供，为日本企业海外投资提供充足的信息服务。

1. 加快成立海外投资信息服务局

加快成立海外投资信息服务局，专门为中国企业海外投资提供信息服务支持。目前中国政府职能部门里并没有专门机构为企业提供海外投资信息。商务部对外投资和经济合作司承担对外投资中所有服务职能，投入信息搜集的精力少，网站信息更新频率低、有价值信息少。建立专门的海外投资信息服务机构—信息服务局非常必要。信息服务局定位于为海外投资企业提供高质量的信息服务，它提供的公共产品覆盖范围广，也避免各企业重复投资人力财力搜集信息。它的基本工作内容包括：搜集整理并定期发布东道国的政策变动、经济运行指标和重点产业、企业的运行指标，使中国企业及时了解东道国的情况，优化投资决策。对中国投资的近两百个东道国的政治制度、经济运行状况、法律法规等基本信息整理汇总，形成报告；对东道国常见的各种风险和防范措施整理，并聘请专家对东道国的政策法规进行解读，避免中国企业由于不熟悉东道国政策而遭遇风险；对于东道国的突发情况、重大风险在第一时间向企业公布。

2. 加快构建国际风险防控网络

中国政府应当加强政府间的沟通与协作，加快构建国际投资风险防控网络。中国政府应当与中国对外直接投资主要存量国相关部门加强联系，利用现有良好的经贸关系和投资合作意向，实现信息和情报共享，对海外投资的中国企业进行事中监管。中国政府应当充分发挥中国驻各国使领馆和商务参赞处的作用，让它们和东道国对应机构加强联系，分享投资领域、政商关系、东道国政策变动等方面的信息，实现信息互联互通。将相关重要信息发布给中国对外直接投资企业，构建国际投资风险防控网络。国际投资风险防控网络对于提高东道国风险的信息收集，加快信息向中国企业传递，将会起到非常重要的作用，有利于海外投资的中国企业对东道国政治、经济等多方面的风险预控预防，加强事中监管，保障中国企业的海外投资权益。在非洲、拉丁美洲等一些风险波动较大的国家，通过政商多种渠道建立的国际投资风险防控网络。中国企业可通过国际会议、使馆活动等正式或非正式场合渠道获取一些信息或情报，对于海外投资的中国企业风险防控有非常重要的作用。

（六）加强经济外交，改善双边关系

作为一个大国，中国应加强经济外交，通过对外经济援助等形式，改善中国与主要东道国的双边关系，化解和降低中国企业在东道国的风险，保障海外投资权益。经济外交是借助经济手段，为实现和维护自身战略目标而进行的对外交往行为[①]。大国往往在世界范围内推行经济外交来实现特定的政治经济目标。美国在二战后在拉美、北非地区进行经济援助，双边关系得到改善，大幅度带动美国跨国公司在该区域的投资，也降低了美国公司在东道国遭遇的各种风险。作为发展中大国，中国应在世界范围内广泛开展经济外交，对发展中国家加强经济援助，改善中国和周边各国、中国和主要投资东道国的双边关系，进而使中国企业在世界范围内遭遇的风险得到控制。

---

① 周永生. 经济外交 [M]. 北京：中国青年出版社，2004.

1. 加快推动"一带一路"倡议，改善与沿线国家双边关系

通过推动"一带一路"倡议，加强中国与沿线国家的经贸合作，改善中国与沿线国家的双边关系，降低中国企业在沿线国家投资遭遇的风险。"一带一路"倡议旨在通过"以经促政"，改善和沿线国家的政经关系。中国应当加快推动"一带一路"倡议来实现其功能，促进中国企业对沿线国家投资。

中国企业在"一带一路"沿线国家有很大的投资存量，但中国和部分沿线国家的双边关系存在一定的摩擦。越南、菲律宾等国与中国存在着领土争端，南海局势较为复杂。"一带一路"倡议是中国提出"命运共同体"和"亲诚惠容"重要经济外交的重要载体，丝路基金和亚投行是具体执行机构。通过"一带一路"倡议，首先带动周边国家利用中国大市场来发展经济；通过改善和优化沿线国家的基础设施来实现长期经济增长，使周边各国能从"中国崛起"中得到实惠。目前世界经济增长乏力，"一带一路"沿线国家大多数是发展中国家，自身经济的发展更需要中国的带动。中国可通过"一带一路"倡议与沿线国家分别签订双边自贸协定、双边投资协定、双边货币互换协议来促进双边经贸关系的发展，使互惠互利的经济关系持续升温，从而带动双边关系的升温，降低中国企业在沿线投资遭遇的风险。通过"一带一路"倡议，改善中国与主要投资国的双边关系。中国主要的投资东道国分布在"一带一路"沿线，包括新加坡、阿联酋、沙特阿拉伯、俄罗斯、印尼等共计近二十个国家。通过"一带一路"倡议，加强与上述国家的经贸联系，强化已有政治共识，改善东道国投资环境，促进中国企业对上述国家直接投资，利用经济外交来化解和降低东道国风险。

2. 加大对发展中国家经济援助力度，化解中国企业海外投资风险

中国应加大对发展中国家经济援助力度，特别是加大对重要投资东道国的经济援助，改善双边关系，降低中国海外投资企业在发展中国家的各种风险，保障中国企业的投资权益。中国政府应当充分利用对外经济援助这项手段，在推动中国企业"走出去"的同时，化解海外投资的风险。中国对外经济援助的主要方式包括政府贴息优惠贷款和援外项目合资合作两种方式。合资合作完成投资项目是目前对外经济援助促进"走出去"的主体，主要是资源类中小生产项目。中国企业和东道国企业以合资合作的形式完成这些项目，实现合作共赢、共同开发东道国的目的，促进中国和东道国政治经济互信，能够维系长久的合作关系。

中国政府应通过对发展中国家经济援助来改善双边关系，降低中国海外投资的风险。中国对外经济援助主要集中在发展中国家。在开展经济援助的同时，应从以下几个方面着手，有针对性地预防和化解中国企业在发展中国家的风险：首先，中国进行对外经济援助的同时要加强对东道国和世界主流媒体的宣传，提高援助项目的透明度。应加大在东道国的宣传，使当地民众了解我国推行的对外援助是互惠互利的，同时向民众公布经济援助项目的重大事项，使民众享有知情权，能够真切感受到对外援助项目的真实性。第二，无条件援助和有条件援助相结合。我国对外经济援助已经有半个多世纪的历史，一直以来都采取无条件援助，但在一些国家的援助效果并不好，甚至出现不援助就扣押中国使领馆人员和企业工作人员的情况。美国和日本开展对外经济援助的过程中，提出适当条件保障本国企业在东道国的利益，既取得了较好的援助效果，又有效化解和降低企业在东道国的风险。

第五章 "一带一路"背景下中国对外经贸合作及策略

本章为"一带一路"背景下中国对外经贸合作及策略,分别介绍"一带一路"背景下中国对外经贸合作演进、"一带一路"背景下重点合作区域与策略、中国与"一带一路"沿线国家双向直接投资合作、中国企业对外直接投资进入模式战略分析。

第一节 "一带一路"背景下中国对外经贸合作演进

中国通过参与价值链分工融入全球产业循环系统,与东亚生产网络和亚洲域外的全球价值链建立了联动发展格局。总体上,自20世纪60年代全球价值链兴起,到实行改革开放参与全球价值链,尤其是"一带一路"倡议实施以来,我国总体上以引进资本和技术,开放本国市场和产业,融入世界经济体系为基本经济特征。我国经济经历了持续稳步发展,已经以庞大的规模成为世界外贸大国和对外直接投资大国,并对世界经贸格局产生了深刻影响。美国政府中国问题专家——兰德公司国际防务研究高级分析师 Timothy R.Heath(2016)指出,习近平主席自上任以来就开始明确支持经济外交理念,以实现中国向贸易强国转型。[1]

一、中国对外经贸合作发展阶段升级演进

顺应全球价值链分工发展新趋势,我国对外经贸合作实现了从加工贸易阶段到服务贸易阶段,再到贸易、投资并重和全面参与全球治理阶段的发展升级。

---

[1] Timothy R Heath. 中国经济外交的发展趋势 [J]. 国家亚洲研究局(美国智库),2016,(7).

（一）大力发展加工贸易阶段

全球价值链分工从制造业起步，中国的制造业通过加工贸易方式参与价值链分工。与服务贸易相对，中国的商品对外贸易主要分为两大类，即加工贸易和一般贸易。加工贸易和传统贸易为中国贸易快速增长做出了巨大贡献，实现了中国对外贸易出口规模从1990年的680亿美元到2015年的25614亿美元的跃升，并在2013年超过美国成为全球货物贸易第一大国。

20世纪70年代末，我国实行对外改革开放。通过渐进的区域开放，我国逐步形成"经济特区—沿海开放城市—沿海经济开发区—沿江开放—内地"这一由点到线到面的开放格局。在对外经济活动领域中，从鼓励外商投资到鼓励本国企业承接国际外包业务，实行了一系列激励政策和灵活安排。通过开展加工贸易和建立特殊经济区，发挥对全国外贸发展的平台、示范与辐射作用，逐步加入国际分工，参与国际贸易。"三来一补"（即来样加工、来料加工、来件装配和补偿贸易）政策和"大进大出，两头在外"的来料加工政策等，为大量吸收欧美投资、承接国际产业转移创造了条件，为提升我国参与全球价值链水平奠定了基础。以出口为主和外商投资为主的广东经济特区为先导，其他各类高新技术开发区、经济技术开发区、出口加工区、保税区等特殊经济功能区的相继设立，扩大了我国参与国际分工与交流的广度和深度，全方位开放格局逐步形成。原料加工成为这一时期我国主要的贸易方式。广东省是加工贸易分布高度集中的区域。20世纪80年代后期，以进料加工为主导形式，机电产品等加工贸易技术水平不断提高，发展迅猛，外商投资企业成为加工贸易的重要主体。1992年，邓小平"南方谈话"进一步推动了中国的改革开放，加工贸易政策进一步完善，加工贸易结构开始向高技术含量产品和高附加值产品的方向演变，加工贸易开始成为我国的主要出口方式。日本、欧盟和美国等发达国家跨国公司对我国的投资显著增强。中国在全球价值链中的深度和广度方面都有了显著改善，加工贸易的发展人新阶段。1996年，中国加工贸易出口占比首次超过了一般贸易。2000年以后，我国在简单加工贸易基础上，开始成为世界上一个重要的零部件供应商。

（二）服务贸易为主阶段

服务贸易为主阶段是指相对服务贸易的重要性而言的服务贸易快速发展的阶段。

服务贸易是服务业分工向国际范围的延伸和拓展。20世纪80年代以来，随着世界范围内服务贸易的不断发展，服务贸易发展状况逐步成为衡量一国在全球价值链中分工地位和参与国际分工竞争力的重要指标之一，世界各国越来越重视服务贸易发展。当前全球价值链背景下，制造业服务化，服务成为全球价值链的"黏合剂"。服务贸易以货物贸易无法比拟的优势被赋予全球贸易增长"新引擎"的强大期许。发达国家普遍存在的"两个70%"现象，即生产性服务业在服务业中的占比达70%，服务业在GDP中的占比达70%。

亚洲的对外贸易均以工业制成品即商品贸易为主。服务贸易起步比较晚，但结构比较稳定，以旅游和运输为主，约占亚洲服务总出口的51%。运输服务出口额最大的是新加坡，进口额最大的是中国。中国、日本和印度构成了亚太地区服务贸易的前三大经济体。

20世纪80年代以前，我国服务贸易进出口规模每年不足百亿美元。90年代开始，我国服务贸易发展加快，但仍处于起步阶段。2001年以来，在加工贸易强劲发展推动下和加入WTO的重大历史机遇期，我国服务贸易在全球服务贸易中的份额不断提高，我国服务贸易开始快速增长。2019年，我国服务贸易总额达到5.4万亿元人民币，增长2.8%，逆差减少1760亿人民币，服务外包执行额首次突破1万亿元，离岸服务外包执行额增长11.8%，对稳外贸发挥了重要作用。当前，服务贸易已经成为我国供给侧结构性改革的重要牵引力量，我国对外经贸合作已经进入以服务贸易为主的发展新阶段。

（三）贸易、投资并重和全面参与全球治理阶段

以加入世界贸易组织（WTO）为起点，我国对外经贸合作进入了贸易、投资并重和全面参与全球治理阶段。

1. 贸易和投资相融合阶段

（1）中国对外贸易发展新阶段

以加入WTO为起点，我国在双边贸易规模持续扩大、结构持续优化、地理分布逐步趋于多样化和合理化的同时，吸收外资规模持续扩大，外资质量持续提高。吸收外资的目标随着我国经济发展战略适时调整，我国仍然是最大的外资吸收国。我国对外直接投资也取得不断发展，成为亚洲新三角贸易的中心和"世界

工厂"。2013年,我国以货物贸易进出口总额突破4万亿美元的巨大成就超越美国并成为世界货物贸易第一大国。

（2）中国国际直接投资进入新阶段

国际直接投资以世界范围内资源的合理组合配置为核心,是生产领域社会分工国际化的基本表现形式。在我国,国际直接投资被总结为"引进来"与"走出去"战略。改革开放以来,我国积极实施"引进来"战略,促进了经济发展,增强了综合国力。目前,我国的国际直接投资战略已从"引进来"为主转变为"引进来"与"走出去"相结合的双向资本流动战略。

①中国利用外资发展历程。

有研究将东亚生产网络的宏观特征概括为"FDI（外国直接投资）—贸易关联",这从一定角度说明了包括中国在内的东亚国家在东亚生产网络发展过程中引进外资的情况。利用外资是中国对外开放的重要内容,也是中国经济发展的重要动力。外国直接投资在中国的发展先后经历了两个阶段:

第一阶段,中国实行对外开放政策,大量外资进入中国。这不仅解决了我国资金短缺问题,也促进了我国经济快速发展。联合国贸易与发展会议（UNCTAD）数据显示,1980—2015年,中国吸收国际直接投资（FDI）额从0.57亿美元增长到1356.1亿美元,世界占比从0.1%增长到7.7%,世界排名从第57位上升到世界首位。1993年以后,我国连续成为发展中国家中利用外资最多的国家,成为世界各国投资最为重要的热点之一。

第二阶段,引进外国直接投资的重点开始由注重数量扩张向注重质量提高转变,同时,有关引进外国直接投资的政策也出现了相应的调整,主要包括:对外商投资逐步实行国民待遇原则,进一步改善投资环境,合理引导投资流向等,如鼓励外资企业在华设立研究与开发机构,加大外资在资金与技术密集型项目和基础设施项目方面的倾斜力度,实现外国直接投资的质量明显提高,外商直接投资的地区分布和行业分布更加趋于合理,技术含量不断增加。

②中国对外国际直接投资的发展历程。

对外直接投资（OFDI）曾经是发达国家所特有的经济现象,发展中国家对外直接投资活动非常有限。2000年,中国对外直接投资总额仅占外商对华直接投资的1/20。

我国早期通过对外援助被授予一些有偿项目并且开始在受援国进行一些投资。改革开放后，国内企业到海外投资办企业得到了较快速的发展。1992年社会主义市场经济体制确立，1998年"走出去"战略正式提出，我国政府明确表示，支持和鼓励有条件的各种所有制企业跨国经营和对外投资。"走出去"战略是指采取对外直接投资、对外承包工程和对外劳务合作等多种方式走出国门，统筹"两个市场、两种资源"，实现我国可持续发展。"走出去"战略是我国深度融入全球价值分工体系的一个主要法则，也开启了我国对外开放的新阶段。对外直接投资是我国企业实行"走出去"战略的重要手段，具有"起步晚、发展快、水平低"的特征。

2002—2015年，中国对外直接投资流量连续14年保持快速增长，2015年对外直接投资额首次超过吸收外资额，成为资本净输出国。民企成为新的出海生力军，非公企业境外并购在数量和金额上均首次超过了公有经济的企业。中国对外直接投资由早期的国企主导模式逐渐演变为国企和民企并驾齐驱模式。

当前，以"一带一路"倡议为核心，以新开发银行和亚投行等金融机构为支撑，以国家投资带动民间投资，以投资发展带动贸易出口的互动新格局正在形成。尤其是随着"一带一路"倡议下各国互联互通创造的投资—贸易新格局，将形成中国与各国之间新的国际分工关系。

综上所述，改革开放四十多年来，随着中国吸收外资阶段的变化以及引资目标的改变，中国引资战略不断发生演变。中国在国际直接投资中"被动"接收国际产业转移的角色正在逐步发生变化。从大力引进外资弥补储蓄和外汇双缺口到以市场换技术，从引进外资的数量与质量和效益并重到引进外资的质量从注重效益到引资、引技、引智全面提升，从利用外商投资为主转向利用外商投资和对外投资并重，我国逐渐形成了以出口导向的对外贸易战略转向贸易与投资并重，以贸易和资本相结合主动占领世界市场的对外经贸发展新格局。与此同时，我国在经贸领域参与全球治理的程度也达到新阶段。

2. 全面参与全球多边治理

为了组织和协调全球价值链体系内的经贸活动和利益分配，多边治理体系和机制应运而生。2000年以后，我国对外经贸合作开始了从政策性开放向制度性开放的转变，进入机制化建设发展新阶段。

本节所阐述的多边治理包括我国对外经贸合作实践之外的有典型意义的双

边、多边、区域、次区域性经贸合作框架与制度安排。当前全球经济治理的核心机构和制度形式是世界银行（World Bank）、国际货币基金组织（IMF）、世界贸易组织（WTO）、联合国贸发会议和G20等。

中国是WTO的正式成员。WTO框架下，中国提升了自身的多边贸易自由化程度，增强了与世界众多经济体的经贸联系和经贸合作。国际货币基金组织（IMF）是世界两大金融机构之一。当前，IMF的主要职能包括经济监测、提供贷款和技术援助。1997年亚洲金融危机和2008年美国金融危机的爆发使新兴发展经济体面临严峻的金融货币问题。中国在多边货币体制下摆脱困境，不断推进人民币国际化，并在国际金融合作方面取得进展。国际货币基金组织已宣布，2016年10月1日人民币成功纳入SDR（特别提款权）的货币篮子，成为世界第五大国际货币。另一大世界金融机构是世界银行，其主要职能是致力于全球减贫工作。中国在世界银行的合作更多地致力于相互分享发展经验，在援助战略层面上进行协调。林毅夫担任世界银行高级副行长表明了世界银行开始倡导加强与中国的合作。联合国贸发会议是促进发展中国家发展的国际机构。中国作为最大的发展中国家之一，随着自身实力的增强，有能力向其他发展中国家提供国际援助，现实中我国也把对外援助作为经济政治外交战略的重要内容。G20是冷战结束以来国际多边协调机制中最为突出的进展，G20成员占世界经济总量的85%、世界贸易的80%和世界人口的66%，对世界经济的稳定与走向起到举足轻重的作用。G20作为当前最重要的全球多边合作组织，享有"全球代议机构"和"全球指导委员会"之誉，中国作为G20 2016年的轮值主席国，表明我国参与国际多边主义规则以及作为国际规则的"参与者、建设者和贡献者"的发展定位越来越明确。

围绕"一带一路"倡议，中国积极强化双边和区域合作机制并取得重要进展。目前，中国参与的区域经贸合作主要分为三类：第一类是具有实质内容的区域合作组织或会议，如《联合国亚洲及太平洋经济和社会委员会发展中成员国关于贸易谈判第一协定》（简称《曼谷协定》）、中国—东盟自由贸易区、中国—东盟"10+1"、中国—中东欧"16+1"合作机制等；第二类是仅仅具有论坛性质的区域合作机制，如亚太经合组织（APEC）、上海合作组织（SCO）、博鳌亚洲论坛（BFA）、亚欧会议（ASEM）、亚洲合作对话（ACD）、亚信会议（CICA）、东盟与中日韩（10+3）领导人会议、东亚峰会、中非合作论坛（FO-CAC）、中阿合作论坛（CASCF）、中国—海合会战略对话等；第三类是具有一定机制设计的区域或次区域合作组织，如澜沧江—湄公河合作机制（LMCM）、大湄公河次区域经济合作（GMS）、中亚区域经济合作（CAREC）、泛北部湾经济区、图们江次区域开发、孟中印缅（BCIM）次区域合作，成立金砖国家联盟、设立金砖新开发银行、制定"一带一路"倡议和六大经济走廊建设、设立丝路基金、成立亚投行等。

除了上述的多边组织和区域一体化组织之外，我国在双边自贸区建设、双边投资协定和服务贸易协定签署方面也取得了一定的进展。目前，与中国签订经济合作协定和双边贸易协定的地区和国家已超过150个。中国与美国、欧盟、日本、英国和俄罗斯等主要经济体均建立和保持着经济高层对话机制。2015年9月，中国成为第16个向WTO递交《贸易便利化协定》议定书的成员。截至2020年，中国已与26个国家和地区相继签署了19个自贸协定，加快自贸协定推广实施也成为新形势下稳外贸稳外资的切实行动。

另外，除朝鲜、东帝汶和文莱之外，我国与周边其余23个国家都签订了双边投资协定。

总的来说，我国参与全球价值链的第一阶段，以渐进区域开放为主线，以加工贸易为主导形式，逐步融入国际分工和全球价值链；第二阶段，服务贸易快速发展，与商品贸易一起完善了我国对外贸易结构；第三阶段，在积极开放基础上，对外贸易和国际直接投资融合发展，同时推进参与多边贸易体系和全球治理，促进贸易自由化和便利化，从机制上融入世界经济和国际贸易。

我国参与全球价值链分工承接了三次大的国际产业转移，实现了出口商品结构的四次大跨越，见证了我国对外贸易在全球产业链、价值链中变化的轨迹：由改革开放前的农产品为主到改革开放初的工业品为主阶段，由20世纪80年代中期的初级产品为主到工业制成品为主阶段，由20世纪90年代中后期的轻纺产品为主到机电产品为主阶段，再到21世纪以来高新技术产品和技术、附加值含量双高为主阶段。目前，我国已成为世界第二大经济体、第一大货物贸易国、第一大制造业大国。

二、中国对外经贸合作现状

国际金融合作是对外经贸活动的有力支撑。长期以来，我国在金融服务方面形成了商业性融资与出口信贷保险等政策性金融服务相结合的服务体系。当前我国经济新常态和"一带一路"倡议的实施、跨国跨区域基础设施合作、国际产能和装备制造合作以及高铁、核电等重大境外项目以及周边互联互通重点项目的加快推进，迫切需要加大对外贸易投资金融扶持力度。我国政府给予对外贸易投资金融扶持力度也在进一步增强，应运而生的有金砖国家新开发银行、亚洲基础设施投资银行和丝路基金等。伴随人民币国际化进程，我国参与国际金融合作的力度也在不断加大。

人民币国际化的影响之一就是推动我国更好地参与国际金融合作，包括建立人民币跨境支付、结算和清算体系，建立人民币离岸市场，推动货币互换，搭建跨境融资平台，加强国际财金合作，强化区域金融安全网络等。

20世纪80年代末，人民币就越来越广泛地用于私人边境贸易结算。为提高人民币的国际影响力，推动人民币的国际支付能力，在境内，2009年，中国政府试点允许中国进出口商使用人民币与境外贸易伙伴进行结算。试点范围从最初的中国内地几个省市与中国香港地区，扩大到国内20个省市。允许境外贸易伙伴与其境外银行进行人民币交易，这些境外银行可以与参加人民币清算平台的相关银行从事人民币交易。2011年，跨境贸易人民币结算试点范围已扩大到全国。在境外，自2004年香港银行开始试办个人人民币业务以来，人民币离岸市场相继建立。

央行间货币互换最早可追溯到20世纪60年代的互惠性货币互换协议。2008年金融危机后，世界形成了包括亚洲和拉美网络、瑞士法郎网络、欧元网络和美联储网络在内的四个相互重叠的国际货币互换网络。其中，以中国央行与其他国家央行签署的双边本币互换协议、欧盟内部的货币互换协议、东盟10+3的清迈协议多边化框架和以美联储为中心的双边美元互换体系最具代表性。中国参与的两项货币互换是东盟10+3的清迈协议多边化和以中国央行为中心的双边本币互换。

自2008年至2012年，中国央行已与19个国家或地区的中央银行签署了双边本币互换协议。2009年中国人民银行还为白俄罗斯、阿根廷等一些经济体提供了危机中货币互换。2010年，中国加入东盟10+3（中国、日本、韩国）的货币互换协议——《清迈协议》，日本、韩国和菲律宾接受人民币用于货币互换。截至2016年，中国人民银行已与35个地区和国家货币当局签署了本币双边互换协议（含21个"一带一路"沿线国家和地区）。中国银行之间外汇市场已实现11种货币直接交易，人民币业务清算行达20个（含7个"一带一路"沿线地区和国家）。

2015年7月21日，金砖国家新开发银行在上海开业。2016年1月16日，中国主导创立的亚投行在北京开业。2016年6月，中国人民银行分别与美联储、俄罗斯中央银行等多个国家央行签署了一般贸易本币结算协定人民币清算安排的合作备忘录，并与相邻国家央行签订边贸本币结算协定。2016年10月1日，国际货币基金组织（IMF）正式宣布人民币加入特别提款权（SDR）货币篮子，人民币成为世界第五大国际货币。截至2022年，有70多个国家和地区将人民币纳入外汇储备。人民币在"一带一路"沿线国家的使用稳步扩大。

此外，我国还加入了周边地区金融组织，如东南亚中央银行组织（SEACEN）和中亚、黑海及巴尔干半岛地区央行行长会议组织；成立专项贷款、发展基金、投资合作基金或专门账户，建立投资银行和开发银行，促进投资银行之间合作，进一步发挥好上合组织银行联合体和中国—东盟银行联合体作用；建立中德两国"财长＋行长"的财金对话，加强国际财金合作；建立中国—东盟多层次区域金融安全网络，完善区域金融风险预警机制。

三、与周边国家的经贸合作在我国对外经贸合作中的地位

向周边国家的中间品贸易出口在我国中间品总出口中占比在双边贸易、中间品贸易和双向直接投资中最高，可获得数据最高年份达74%。按照传统逻辑，两国之间的中间品贸易额越大，两国的经贸联系越密切。同时，经济体之间中间品贸易额的高低也具有战略意义。这也是"一带一路"倡议下，深化我国与周边地区（国家）经贸合作的意义所在。

周边国家集中涉及我国重大国家利益，周边众多邻国与中国唇齿相依。其中，泰国、越南、马来西亚、新加坡、印度尼西亚和印度作为东南亚和南亚中主要的中国外贸方向上具有共性大于个性的经济体，巴基斯坦作为区域内与我国利益冲突最小的国家，蒙古和哈萨克斯坦作为我国能源进口的结点等，其战略意义明显高于规模意义。地缘政治层面，周边地区（国家）作为中国安全疆域的延伸，

具有中国安全屏障的意义。被誉为"亚洲的地中海"的南海，是连接印度洋和太平洋的航运枢纽。其丰富的油气资源招致南海区域各国间激烈的利益争夺。东南亚位于大洋洲到亚洲和太平洋到印度洋的十字路口，贯通大洋洲、欧洲、非洲和亚洲，如东南亚的马六甲海峡被誉为"东方的直布罗陀"。东南亚是中国沟通世界的重要海上通道，与东南亚相邻的中国东南沿海地区是中国的经济重心。中亚是丝绸之路经济带腹地，东接亚太经济圈，西连欧盟经济圈，辐射40多个国家，被誉为"世界上最长、最具发展潜力的经济大走廊"。

简言之，周边地区（国家）与我国具有命运共同体的战略意义。进一步深化与周边地区（国家）的务实经贸合作，推动经贸关系稳步发展符合中国与周边国家经济可持续发展的根本利益和现实需要。

四、中国对外经贸合作面临的挑战

第一，世界经济发展的不确定性加大。当前，世界经济处于2008年金融危机后深度调整阶段，国际市场需求低迷、贸易保护主义盛行、各国货币政策分化。具体表现在：一是逆全球化。英国脱欧，特朗普政府宣称贸易方面"美国优先"理念，对一些贸易伙伴征收关税、退出跨太平洋伙伴关系（TPP）和巴黎协定等一系列情况都成了全球化蓬勃发展反向力量。二是主要经济体货币政策分化。日本、欧洲等经济体继续实施量化宽松的货币政策，美国则转而启动加息程序，伴随全球货币政策分化的是金融市场大幅波动和跨境资本异常流动的风险不断扩大和深化。全球金融市场的动荡加剧了世界贸易复苏的不确定性。三是多边治理协调难度加大。2008年金融危机后，各经济体为使本国摆脱经济低迷的困境，纷纷加强对国际市场的渗透和争夺，致使国际贸易投资规则日趋碎片化。美国退出TPP，以WTO等为代表的原有贸易投资规则被逐步打破，新的国际服务、投资和贸易规则在世界主要国家的博弈与对抗中重建，但雏形难出。一方面，发达国家为实现本国利益最大化，试图通过改变和更新原有国际金融、投资和贸易规则，确保本国在国际市场获得尽可能多的利益；另一方面，各国间竞争日益激烈，各方利益协调难度变大。

第二，当前我国对外直接投资和对外贸易进出口受到来自新兴国家和发达国家的双重制约。以机械设备为代表的投资品和传统劳动密集型产品出口下降，与此同时，中国的资源环境和要素成本约束增强，传统劳动密集型商品出口成本持续攀升，整体比较优势弱化。发达国家再工业化，东南亚加工贸易崛起，国际代工重心转移，短期内新的外贸增长点尚未形成。"中国制造"的传统比较优势逐步削弱，对外直接投资的主体构成、投资去向和投资成败也遭到较多质疑。跨国并购成功率低，海外投资成功率低。关于中国外贸如何实现转型升级的问题，学术界和实践部门给出的思路和方向之一，就是依托服务贸易发展带动中国外贸转型升级。然而，我国服务贸易的发展始终滞后于世界平均水平，货物贸易出口在我国贸易出口结构中仍占据压倒性优势。无论从发展服务业角度，还是制造业服务化和服务业革命方面看，服务业都被赋予了经济增长引擎的使命。与服务业相伴相随的是创新驱动，无论是创新驱动本身，还是依托服务贸易发展带动中国外贸转型升级，这都是我国对外经贸发展的短板，是我国对外经贸合作无法回避的巨大挑战。

我国通过发展加工贸易参与东亚生产网络/价值链，从而进一步融入世界经济发展和参与国际竞争。

与周边地区（国家）总体的经贸合作在我国对外经贸合作中具有重要地位，中国政府提出的"一带一路"倡议，对深化与周边地区（国家）经贸合作具有深远的战略意义和现实必要性。

第二节 "一带一路"背景下重点合作区域与策略

中国将加快推进"一带一路"建设，同更多国家和地区的发展战略进行有效对接，深入开展多领域互利共赢的投资合作，包括基础设施互联互通和国际经济合作走廊建设等。这将有利于进一步扩大中国企业同沿线国家和地区的基础设施建设和国际产能合作。

一、中亚五国：充满活力与挑战

中亚五国经济发展虽较落后，但资源丰富，发展空间广阔，充满活力与挑战，更是"一带一路"的重点区域之一，也是中国企业"走出去"和国际产能合作的重要地域。中亚五国的经济发展亟须外来资本的注入，而中国产能的输出也迫在眉睫。中国与中亚的产能合作既符合国际产业转移规律，有助于全球产业链的深度融合和中亚国家工业化进程的推进，又有利于中国产业结构的转型与升级，成为推动世界经济复苏的一剂良方。因而，中国开展对外产能合作，对双边国家而言具有互利共赢效应。

（一）哈萨克斯坦：现代丝绸之路的合作伙伴

哈萨克斯坦石油资源丰富，是中亚地区最先进的经济体，不仅国内生产总值及购买力遥遥领先，更是一个连接中国与欧洲的商业和物流枢纽。哈萨克斯坦是"一带一路"的重要组成部分，而该国也致力进一步提升物流和贸易基础设施，推进其现代化，其中包括发展霍尔果斯—东大门经济特区，以配合中国与欧洲之间不断增长的贸易、物流及投资。2015年11月30日其成为世界贸易组织的最新成员，发展潜力非常庞大；2017年世界博览会首次在中亚举行，哈萨克斯坦是主办国。因此，该国若能在"一带一路"的背景下，实现与全球各地互联互通的宏图大计，前景将更加广阔。

1. 良好的基础设施条件

在中亚五国，哈萨克斯坦的基础设施建设最好，因其独特的地理位置，铁路、公路、航空、水运兼具，其中铁路总里程达14329千米，密度为5.26千米/千平方千米，电气化率达27%；大型机场有21个，其中提供国际空运服务的机场有12个，总航空运输量为70810次；通信设施覆盖情况在中亚地区处于领先水平，互联网用户达54.89%，固定宽带用户为12.93%。

2. 相对优越的融资条件

在中亚五国，哈萨克斯坦的融资条件也最为优越。该国经济发展很快，在中亚地区属于首位，社会秩序和政局保持了相对良好的稳定状态。哈萨克斯坦目前已成为与中国经贸往来最为密切的"一带一路"沿线国家之一。此外，哈萨克斯坦也制定了众多吸引外资的政策，银行体系也比较完善，并且中国银行和中国工商银行在其境内设有分行，中国企业可以自由在当地银行融资，尤其是在2015年11月中哈霍尔果斯经济合作中心"刷卡无障碍"示范区建设正式启动之后，跨境融资与结算就越加便利。中国与哈萨克斯坦的经济与产能合作正在走向新的高度。

3. 通往欧洲的重要商业与物流枢纽

除了"一带一路"发展外，第二条欧亚大陆桥亦已形成。这条新欧亚大陆桥是一条国际铁路线，起自中国江苏省连云港，通过中哈两国主要边境口岸之一的新疆阿拉山口出境，经哈萨克斯坦、俄罗斯、白俄罗斯、波兰和德国，直达荷兰鹿特丹。中国借助新欧亚大陆桥，已开通重庆至德国杜伊斯堡（Duisburg）的国际货运铁路线、武汉至捷克梅林克（Melnik）和帕尔杜比采（Pardubice）的直达货运列车、成都到波兰罗兹（Lodz）的货运铁路线和郑州到德国汉堡的货运铁路线。这些新铁路线均为从中国或亚洲运往欧洲的货物提供铁路货运服务，享受"一次申报，一次查验，一次放行"的便利。

与此同时，中国—中亚—西亚经济走廊也是一项重大的计划，从新疆出发，经阿拉山口出境，连接哈萨克铁路网，可让位处内陆的中亚地区改善对外交通联系，不但与西亚的伊朗和土耳其等市场连接起来，更到达波斯湾、地中海沿岸和阿拉伯半岛。对中亚内陆诸国包括全球最大的内陆国家哈萨克斯坦而言，这是一大突破，令这些国家可以参与全球海洋物流业务，并成为全球多式联运物流链的重要一环。毫无疑问，哈萨克斯坦作为中亚的大国，也是中国这个世界工厂与欧洲这个全球最大消费市场之间的重要物流连接点，是"一带一路"能否成功的关键。

（二）乌兹别克斯坦：一个尚待探索的中亚市场

乌兹别克斯坦既是中亚人口最多的国家，也是一个亟待开发的中亚市场。目前，中国已经成为乌兹别克斯坦第二大贸易伙伴国，2014年中国与乌兹别克斯坦双边贸易额为42.71亿美元。该国希望在"一带一路"倡议下不断扩大与中国的经济合作，2015年6月，乌中两国签署新协议，在商业、交通和电信等领域将有更多双边合作。

1. 基础设施建设空间巨大

乌兹别克斯坦的基础设施建设比较落后，近几年来正不断加大建设力度，铁路总里程为4192千米，密度为9.34千米/千平方千米，电气化率约为15%；国内共有12个机场，航空运输量为23149次；互联网用户较多，达43.55%，固定宽带用户占1.06%。

乌兹别克斯坦是世界上仅有的两个双重内陆国之一，没有直接出海的通道，也是中亚人口最多的国家。由于该国基础设施不足，虽然有3000多万人口，但却未能形成庞大的消费市场。乌兹别克斯坦曾是亚欧商路上的重要区域商业中心之一，历时数百年。为重振这一地位，该国政府已制定一项雄心勃勃的五年计划，投资预计达550亿美元，推行工业现代化，兴建新的基础设施。加上在"一带一路"倡议下与中国的经济合作不断扩大，乌兹别克斯坦正力图重整旗鼓，发展为古代丝绸之路上一处充满活力的投资目的地。

2. 中乌经贸关系日趋紧密

多年来，中国与乌兹别克斯坦的商贸往来频繁，两国关系日益密切。2013年底，乌兹别克斯坦政府签订总额约150亿美元的投资协议，涉及开发石油、天然气及铀。2015年6月，中乌两国签署新协议，希望在"一带一路"框架下扩大经济合作，今后在商业、交通和电信等领域有更多双边合作。此外，协议内容亦涉及大宗商品贸易、基础设施建设及工业园项目发展。

目前，中国已经成为乌兹别克斯坦第二大贸易伙伴国，双边贸易额13.3亿美元，同比下降2.9%，占乌外贸总额的14.6%，其中，中方出口约11.5亿美元，同比增长9.5%，中方进口1.8亿美元，同比下降43.8%。中国也是乌兹别克斯坦最大的外商投资来源地，目前约有500家公司在该国经营，5000名国民在当地工作，其中包括华为、鹏盛园区发展有限公司、腾讯和中兴通讯等。鹏盛园区是中国在乌兹别克最大的私人投资项目，也是中亚最大的瓷砖生产商，而中兴则已建立中亚第一条智能手机生产线。随着"一带一路"的推进和乌兹别克斯坦的投资环境日趋完善，预计中国在该国投资的企业将不断增加。

（三）土库曼斯坦：能源资源丰富，合作前景看好

1. 天然气出口大国

土库曼斯坦位于中亚西南部，西北毗邻哈萨克斯坦，北部及东部与乌兹别克斯坦接壤。土库曼斯坦石油、天然气资源丰富，包括加尔金内什（Galkynysh）气田，其天然气储量居世界第二位，仅次于波斯湾南帕斯（South Pars）气田。除与中国内地、俄罗斯和德国签订了多项产量分成协议外，该国也宣布，计划到2030年将天然气产量提高至2300亿立方米，天然气年出口量达1800亿立方米。

2. 经济增长快速

近年来，土库曼斯坦的经济增长一直处于中亚国家首位，在中亚五国中经济实力仅次于哈萨克斯坦。土库曼斯坦支持多元经济的发展，以出口和内需为导向优先发展油气开发、天然气化工、电力、纺织、食品加工等产业，积极改善投资环境，促进私营经济发展。据世界银行数据，2011—2014年，土库曼斯坦年均经济增长率超过10%，人均国民收入已达世界中等偏上水平。

3. 中土农业合作前景看好

中土双方十分重视农业合作，双方于2014年签署中土农业合作谅解备忘录，为两国农业合作搭建了新的平台，推动了两国在农业种植、棉花、马业、农机、节水灌溉和农产品贸易等领域的合作。土库曼斯坦对中国农业生产领域的先进技术和管理经验很感兴趣，未来中国和土库曼斯坦的农业领域合作的重点将集中在农业政策领域开展广泛交流、建立农业全产业链的分工合作机制，以及帮助土库曼斯坦加强农业技术推广体系建设等三个方面。

（四）吉尔吉斯斯坦：地处亚洲文化交汇点

吉尔吉斯斯坦是一个多山国家，位处亚洲文化交汇点。该国经济十分依赖开采及出口黄金、汞、天然气、铀等资源，以及棉、肉类、烟草、羊毛及葡萄等农产品。由于山多平地少，畜牧业在吉尔吉斯斯坦的农业经济中举足轻重，工业生产则以铝为主。同时，服务业包括银行及旅游业在推动经济增长方面日益重要。

1. 中亚连接世界的重要通道，中国通往中亚的重要门户

吉尔吉斯斯坦在中亚地区具有十分重要的通道作用，不仅是连接欧亚大陆和中东的要冲，还是相关国家东进西出南下北上的必经之地，无论从地缘政治还是地缘经济上，吉尔吉斯斯坦都拥有很重要的战略地位，是大国博弈的重要地区。

吉尔吉斯斯坦与我国西部紧密相连，其南部与我国新疆南疆地区唇齿相依，是中亚地区与中国相连的门户，是修通中乌铁路，打通泛亚欧大陆桥的关键环节。

吉尔吉斯斯坦和中国有着长期的政治、经济、文化关系，其政治稳定、经济发展对我国边疆地区稳定、发展和开发有着重要影响，是中国向西经贸发展的必经之路，是打通又一条亚欧通道的关键枢纽。

2. 吉尔吉斯斯坦未来经济发展潜力巨大

吉尔吉斯斯坦地少人稀，是少数民族聚居国家，国土面积19.99万平方千米，

仅占中亚五国总面积的5%；截至2021年12月，吉尔吉斯斯坦常住人口登记数量为668.32万人。经济总量和人均GDP偏低，经济发展缓慢，城市化水平低，基础设施落后，刚开始步入工业化阶段。2021年全年吉尔吉斯斯坦国内生产总值约合79.5亿美元、同比增长3.6%，通货膨胀率11.2%。2022年，国内生产总值约合106.6亿美元、同比增长7%，人均国内生产总值为1522.86美元。属于刚开始步入工业化的低收入国家，未来经济发展潜力与空间很大。

吉尔吉斯斯坦与中国的经贸关系日趋紧密，中国不仅是其第二大贸易伙伴，而且还有250多家公司在吉尔吉斯斯坦注册，投资行业涉及矿业、贸易、建造、电信、农业以及冶金等诸多领域。

3. 中国与吉尔吉斯斯坦战略合作构想

综合考虑吉尔吉斯斯坦资源禀赋、经济发展水平、城市化水平、基础设施以及未来发展规划，在"一带一路"背景下，中吉在市场、资金、技术等领域具备较强互补性，可深化合作，实现共赢。

（1）中吉在矿产品、工业产品等领域互补性强，市场合作前景广阔

一方面，吉尔吉斯斯坦刚步入工业化发展阶段，尚未形成完整的工业体系，产业结构单一（主要为金属冶炼加工），工业产品大量进口；另外，因国土面积小，吉尔吉斯斯坦未来发展完整工业体系的可能性较小，工业产品将长期依赖进口。中国是工业产品出口大国，与吉尔吉斯斯坦形成互补。另一方面，中国正处于工业化发展中期，需消耗大量矿产资源支持经济、产业发展；吉尔吉斯斯坦经济发展依赖矿产品出口，矿产资源相关的金属及制品和矿产品出口约占全部出口份额的70%，中吉矿产品领域可形成互补。

（2）中国可继续发挥资金优势为吉发展提供助力

吉尔吉斯斯坦经济发展落后，基础设施陈旧，亟需大量资金支持国家建设。为实现"经济稳定发展五年规划"，吉尔吉斯斯坦将营造最便利的投资环境作为最重要的工作之一。吉尔吉斯斯坦是中国资源开发和产业转移的接续地，其健康发展与南疆稳定休戚相关，中国可继续发挥资金优势为吉发展提供助力，实现共赢。

（3）中国在通信、水电建设等领域为吉提供技术支撑

吉尔吉斯斯坦技术水平远远落后于世界先进科学技术的飞速发展和本国经济

建设的需要，为维护中国在吉尔吉斯斯坦的利益中国可以在通信、矿业开发、水电建设等领域为吉尔吉斯斯坦提供技术支撑。

（五）塔吉克斯坦：水电开发潜力巨大

塔吉克斯坦虽是中亚最贫穷的国家，但其锑、铝、金、银蕴藏丰富，水电开发潜力为中亚国家之冠。

1. 投资环境良好

塔吉克斯坦与中国西部地区之间地缘接近，其境内的政治局势相对稳定，为中国对其开展产能合作项目的稳定性和连续程度提供了有力的政治保障，同时，塔吉克斯坦奉行开放的经济政策和平衡多元的外交政策，与周边国家建立了良好的外交关系，加入了多个国际性与区域性的经济合作组织，积极争取外援。良好的双边关系是促进经济合作的重要因素，而自1992年建交以来，中国与塔吉克斯坦之间一直保持着睦邻友好的合作关系，这种良好的双边关系势必会在"一带一路"框架下，推动两国之间的产能合作，并以此为基础在经济上共同发展，在政治上达成更多共识。

2. 融资条件相对较差

塔吉克斯坦当地货币索莫尼虽可以自由兑换，但目前为止还不能与人民币进行直接结算，其境内的银行体系较为薄弱，系统也不健全，因而银行信贷信任度在该国一直处于较低水平，而且贷款利率在中亚地区最高，年利息率为24%—36%。因此，中国与塔吉克斯坦的产能合作项目将面对极其高的融资成本，尤其是大型基础设施类项目，面临着难以筹措到足够资金的风险。

3. 资源能源开发潜力较大

塔吉克斯坦，其石油、天然气资源埋藏于7000米以下，而且缺少战略投资商，虽然丰富，但绝大部分石油和天然气依赖进口。此外，塔吉克斯坦的水资源充足，人均水资源拥有量居世界首位，总量居世界第八位，在中亚地区占据一半左右的比重。

近年塔吉克斯坦与中国的经贸发展日益蓬勃双边贸易额从1992年的275万美元增至2017年的13.7亿美元，增幅近500倍。2018年上半年，双边贸易额为6.5亿美元，同比增长17.7%。其中，我国对塔出口6.2亿美元，同比增长17.2%，自塔进口3000万美元，同比增长27.3%。同时，中国企业在塔吉克斯坦参与的基建项目越来越多，包括沙赫里斯坦（Sahelistan）隧道塔吉克斯坦至乌兹别克斯坦公路以及多个资源开采项目。

二、南亚四国："一带一路"合作的重要伙伴

南亚是"一带一路"的海陆交汇之处，也是中巴经济走廊和孟中印缅经济走廊所在区域。南亚包括印度、巴基斯坦、尼泊尔、孟加拉国和不丹五个陆路国家和斯里兰卡、马尔代夫两个岛国，外加阿富汗，"一带一路"的"一带"聚焦在欧亚大陆，"一路"主要在东南亚及由此延伸至波斯湾和西亚北非，两者都有着明晰的历史传统和路径。南亚与中国西南边疆省份山水相连。从历史的角度和地理位置看，中国在"一带一路"框架下推进与南亚合作面临着很多的机遇和很大的挑战，中国与南亚国家特别是印度、巴基斯坦、孟加拉国以及斯里兰卡四国的关系对推进"一带一路"建设意义重大。

（一）印度：南亚第一大经济体

1. 打造全球制造业中心

2014年9月，印度总理莫迪推出"印度制造计划"，旨在为制造业积极引入外资，借此将印度转型为全球制造中心。在"印度制造"计划实施的第一年，外商直接投资流入达到451.5亿美元。根据商务部的一份新闻稿，2021—2022年，印度的外国直接投资达到了有史以来的最高水平，达836亿美元，本财年有望吸引1000亿美元的外国直接投资。

截至2022年印度政府部门公布的数据显示，新加坡和美国成为印度FDI（外国直接投资）的主要来源国。数据显示，2022年的上半个财年（4-9月），新加坡流入印度的FDI达83亿美元，美国流入印度的FDI为71.2亿美元。4-9月份，流入印度的FDI共计280亿美元。此前，毛里求斯一直为印度FDI的主要来源国，现在只能排名第四。

2. 中印两国关系螺旋式发展

中华人民共和国成立后，印度是第一个与我国建交的非社会主义国家，中印两国经济贸易发展随两国政治关系的变化而跌宕起伏，由20世纪50年代起的互助互惠，到中间停滞14年，再到80年代两国经贸恢复，90年代之后贸易增长加

速，近年双边贸易总额不断扩大，2011年中国成为印度第一大贸易伙伴。据中国海关总署日前公布的数据，2022年中印双边贸易额达到1359.84亿美元，再创新高。2021年中印双边贸易首次突破1000亿美元大关，达到1256.6亿美元。

"一带一路"构想的主要目的是在已有贸易合作机制的基础上，共建合作发展的区域化创新平台。有了这个平台，两国互补性贸易合作将迎来新的契机，有利于进一步发掘两国内需潜力，寻求经济发展新方向，为抵御未来风险，促进行业升级奠定基础。

3. 中印经贸合作格局

中国和印度素有"中国龙"和"印度虎"之称，两国经济总量在世界名列前茅。中印两国有着不同的要素禀赋，各自的比较优势以及面临的相同处境使得两国经济的互补性和互利性远大于竞争性。中国和印度都是WTO成员国，两国之间加强合作、发展经贸关系、建立战略性的伙伴关系，既符合WTO的精神，也有利于各自国家的经济发展。这是一个双赢的过程。因此，双方应当保持合作避免竞争。根据各自的比较优势，中印两国未来应在IT产业、机电产品、旅游业、工程承包以及资源开发经营等方面加强合作。

（1）贸易总规模迅速扩大

中国商务部综合司国别统计数据显示，中印贸易总规模1990年只有2.6亿美元；2000年快速增长到29.1亿美元；2004年达到134.8亿美元，突破百亿大关；2013年顺差飙升至314.15亿美元。进出口贸易总额都在增加说明两国贸易呈现出更密切态势，虽然我国在这几年间出现过不同程度的贸易逆差，但是随着两国经济的发展，两国贸易基本呈均衡扩大之势。

（2）经贸结构的互补性与竞争性

世界银行曾研究分析，中印两国的国民经济结构在第二、第三产业上的差异很大，在制造业方面两国之比是50.9∶26.9，在服务业方面两国之比是33.2∶48.2，表明印度制造业不及中国，但软件业和与之配套的服务却较中国有优势。因此总的来看，中印两国企业在第二和第三产业之中的合作有非常大的互补性。与此同时，中印贸易有明显的竞争性。由于地缘关系，中印具有相似的资源优势和劳动力优势，经济和技术水平差距小，国家收入水平和生活水平相差不大，对产品的需求结构和档次类似。因此，中印参与国际分工的过程中表现出的进出口结构有一定的相似性，经济贸易结构表现出明显的竞争性。

（3）双边贸易额在各自外贸总额中所占比重较小

虽然中印双边贸易发展迅速，中国和印度之间的贸易总额在外贸总额中所占比重一直较小。印度只在中国对外贸易中占很小一部分的比例。据海关总署数据显示，2019年中印贸易在我国对外贸易总额中占比2.03%。这与两国作为亚洲最大的两个市场的实际地位不相称，也说明未来双边贸易继续增长的空间非常大。

（二）巴基斯坦：全力打造"中巴经济走廊"

巴基斯坦位于亚洲与中东之间的交汇点，北邻中国，东接印度，西连伊朗及阿富汗，是南亚第二大经济体。中国是其最大的贸易伙伴。2006年，巴基斯坦与中国达成自由贸易协定，这也是巴基斯坦签署的首份自贸协定。2015年4月，中国国家主席习近平访问巴基斯坦，承诺中国将于15年内投资超过450亿美元，发展中国—巴基斯坦经济走廊，包括兴筑公路、铁路及电厂。

1. 中巴经济走廊

中巴经济走廊最初是在2013年5月提出的，初衷是加强中巴之间交通、能源、海洋等领域的交流与合作，深化两国之间的"互联互通"。后又将其纳入"一带一路"建设中。中巴经济走廊是一条连接中国新疆喀什到巴基斯坦西南港口瓜达尔港的公路、铁路、油气管道及光缆覆盖的"四位一体"通道。中巴将以中巴经济走廊为引领，以瓜达尔港能源、交通基础设施、产业园区合作为重点，打造"1+4"的合作布局。

中巴经济走廊的终点是瓜达尔港，它距离港口城市卡拉奇约600千米，毗邻巴基斯坦和伊朗边界，濒临阿拉伯海，靠近霍尔木兹海峡，堪称印度洋上的咽喉要地，中国进口的石油60%，世界石油的40%都要通过这里运输。伊朗—巴基斯坦的天然气管道靠近瓜达尔，这是一条非常重要的天然气管道，每天可以输送10亿立方米天然气。其中，2150万立方米是到瓜达尔的。但目前因为伊朗被国际社会制裁，天然气管道输送停止。为此，巴基斯坦政府批准新建LNG输送管道，从卡塔尔进口天然气，这条天然气管道将经过瓜达尔。

瓜达尔港有望成为中东至中国石油输送管道的起点，把经由阿拉伯海及马六甲海峡长达1.2万千米的传统路线缩短为2395千米，终点为新疆喀什。中巴经济走廊规划不仅涵盖"通道"的建设和贯通，更重要的是以此带动中巴双方在沿线开展重大基础设施、能源资源、农业水利、信息通信等多个领域的合作，创立更多工业园区和自贸区。与此同时，中巴两国目前正对被称为"世界上最高公路"的喀喇昆仑公路进行升级改造，以适应大型运输货车通行。

2. 建设中巴经济走廊是推进南亚"一带一路"建设的需要

巴基斯坦地处中亚、南亚和西亚交汇处，南近阿拉伯半岛，地理位置至为关键，这也就决定了中巴经济走廊在"一带一路"中的重要性。"一带一路"得到了南亚国家的积极响应，只有印度持怀疑的态度，迄今没有做出任何的积极表态。印度官方一方面表示中国的"一带一路"缺乏透明度，另一方面表示，印度自己提出的"香料之路""季风计划"并不是针对中国。因此，印度在反对中巴经济走廊可能经过把控克什米尔的同时，也担心中国可能借"一带一路"扩大自己在南亚的影响力，特别是害怕中国将由此进入印度洋，凭借自身经济实力逐步将印度边缘化。着力建设中巴经济走廊，将有助于调动印度对中国在南亚推进"一带一路"的积极态度，提高印度建设"孟中印缅经济走廊"的积极性，促进印度与中国合作。与此同时，中巴经济走廊的建设也有助于中国与南亚其他国家推进"一带一路"建设，如与尼泊尔斯里兰卡等。

（三）孟加拉国：积极推进孟中印缅经济走廊

孟加拉东西、北三面与印度毗邻，南面濒临孟加拉湾，人口仅次于印度与巴基斯坦。自1971年独立后，孟加拉面对许多挑战，包括贫穷、政治抗争及公共部门效率低下问题。近年孟加拉虽然政局混乱，但仍能保持宏观经济稳定，推动大规模的经济与社会改革，且外商直接投资有所增长，特别在能源、电信与出口加工等范畴。

1. 孟中印缅经济走廊

根据"一带一路"倡议，中国有意与其他国家结盟构建经济走廊，其中之一覆盖孟加拉、印度及缅甸（BCIM 经济走廊），把印度加尔各答、中国昆明、缅甸曼德勒及孟加拉达卡等重要城市连接起来。孟中印缅经济走廊是推进"一带一路"建设的重要抓手。建设孟中印缅经济走廊不仅会对孟中印缅地区的互联互通、经贸合作产生深远影响，也会对中国的向西开放产生重要影响。为此，中国政府同意向孟加拉基建项目提供数以十亿美元计的资金。中国企业亦积极投资于孟加拉的电信、电力、农业及能源等多个领域。例如，两国已成立合资企业孟加拉中国电力公司，投资 15.6 亿美元，在达卡南部一个海港附近建造一家燃煤发电厂。

2. 形成共识

毋庸置疑，无论是推进"一带一路"，还是促进区域经济发展，都需要抓手。其中，依托骨干交通线发展通道经济，建设经济走廊，已成为推动区域经济发展的重要模式。作为"一带一路"的重要组成部分，加快孟中印缅经济走廊建设不仅有助于创造良好的地区发展环境、有利于提升互联互通水平、有利于四国的共同发展、有利于维护边疆稳定和社会和谐，以及有利于改善政治关系，而且可以连通孟加拉国、中国、印度、缅甸四个国家，乃至辐射南亚、东南亚、中国三大市场，以及可以成为推动区域内投资贸易发展、人员交流和各类产业合作的一个主轴。

尽管孟中印缅经济走廊建设面临一些问题，如互联互通水平较低、合作机制层次较低、非传统安全问题较多、实效合作的大项目较少、政治互信水平有待进一步提高等，但经过多年努力，四国政府已就推进孟中印缅经济走廊建设达成共识。

3. 合作前景广阔

孟中印缅四国山水相连，地域辽阔，人口众多，自然资源丰富，合作潜力巨大。近年来，尽管全球金融危机导致经济增长率下降，但孟中印缅四国的经济增长仍保持较快速度，年均增长率在 5% 以上，是世界重要的新兴市场。孟中印缅地区成为当今世界最具吸引力的地区之一。从未来的发展趋势看，在今后 20 年内，印度可能成为排在中国和美国之后的世界第三大经济体，其国内生产总值将达 15 万亿美元。另据 2013 年 5 月 19 日世界银行发布的《全球发展展望》报告称，到 2030 年，中国和印度将成为世界上最大的投资者。孟中印缅经济走廊等大项目的推进，不仅可以提振合作信心，而且可以更好地促进本区域的经济发展。

（四）斯里兰卡："21 世纪海上丝绸之路"的交汇点

斯里兰卡属于南亚一个中型国家，是南亚区域合作联盟（SAARC）成员，该联盟于 2006 年建立了南亚自由贸易区（SAFTA），目标是在 10 年内把对成员国产品征收的进口关税降到零至 5%，但进展不太令人满意。除南亚自由贸易区外，斯里兰卡也分别与巴基斯坦和印度缔结双边自由贸易协定，另外签署了亚太贸易协定（APTA）。

目前，中国已成为斯里兰卡第二大贸易伙伴和最大的投资来源国。2021年，中国对斯里兰卡商品进出口总额为59.05亿美元。

毫无疑问，斯里兰卡位于中国通往印度洋的交汇点上，发展两国关系对中国政府提出的建设"21世纪海上丝绸之路"倡议有着重要的意义。

1. 中国的战略考量：打造海上交汇点

斯里兰卡位于印度洋的核心地带，紧靠主要海上通航和海运路线，连接着当前世界经济最为活跃的亚太和印度洋地区。印度洋不仅有着占世界三分之一的人口，同时也是连接中东、欧洲、非洲的重要通道。2014年9月，习近平主席访问斯里兰卡时提出，21世纪海上丝绸之路的路径应以南亚、东南亚国家为主。斯里兰卡作为印度洋和太平洋、东南亚和南亚的"海上交汇点"，重要意义正在逐渐显现。

从发展海上贸易角度看，斯里兰卡周边的海域是全球贸易、能源和原材料运输的重要通道，和斯里兰卡共建海上通道无疑对实现跨区域经贸往来有着促进作用。习近平主席曾在2014年访问斯里兰卡时表示中国企业在斯里兰卡承建的港口等项目将有助于斯里兰卡增强自身发展能力，同时也助于推动中国企业进一步"走出去"。打造海上交汇点可以更好地服务于"21世纪海上丝绸之路"倡议，带动沿线国家的合作，并向多领域合作方向迈进。当前美国"亚太再平衡"战略对中国造成压力，中国可经斯里兰卡这一门户打开广阔的印度洋，跳出亚太，走向印太，增加中国的经济发展机会纵深。

2. 斯里兰卡对"21世纪海上丝绸之路"的考量：以港口投资为例

斯里兰卡对"21世纪海上丝绸之路"倡议的支持既有经济方面的考虑，也有外交、安全方面的考量。时任总统拉贾帕克萨对中国倡导的建设"21世纪海上丝绸之路"的构想做出了积极的响应，并愿意与中方密切配合并积极参与这个进程中去。首先，"21世纪海上丝绸之路"为斯里兰卡成为印度洋地区的贸易中转中心提供了机遇。通过引进中国资金修建港口和高速公路，将进一步促进世界各国对斯里兰卡的投资，同时带来贸易的繁荣，为斯里兰卡进入中等收入国家的目标创造了条件。早在2009年斯里兰卡近30年的内战结束时，其国内基础设施遭到严重破坏，极大地限制了经济发展。内战后斯里兰卡迫切需要改善因战争遭到破坏的基础设施，中国与斯里兰卡关系的发展也开始围绕投资其基础设施为核心而展开。随后，斯里兰卡的国内生产总值自 2009 年后以年均 8% 的速度增长，中国一跃成为斯里兰卡最大的外资来源国，当年向其提供了 12 亿美元贷款，这一数字是其第二大投资方亚洲开发银行 4.24 亿美元的近 3 倍。另外，2008 年中国（含香港特别行政区）对斯里兰卡的直接投资（FDI）为 1.01 亿美元，到 2011 年增长至 1.49 亿美元。

斯里兰卡前总统拉贾帕克萨在 2005 年当选总统后，提出了斯里兰卡建设海事、航空、商业、能源和知识五大中心的"马欣达愿景"，这与"21 世纪海上丝绸之路"倡议中的"五通"（政策沟通、设施联通、货物畅通、资金融通和民心相通）有着共同的诉求。"马欣达愿景"的重要内容之一是发展斯里兰卡的南部地区，并且加大基础设施建设投资，特别是港口项目的建设。在该倡议下，中国对斯里兰卡西南方汉班托特（Ham-Bantota）港口的投资引起了西方国际关系分析家的关注。该港在 2012 年正式投入使用，目前斯里兰卡方面制定了进一步开发港口周边的"海洋城市"（Ocean City）计划，希望吸引来自世界各国的投资。另外，2014 年习近平主席访问斯里兰卡时与斯里兰卡方面签署了由中国承建的耗资 14 亿美元的科伦坡港口城计划。从斯里兰卡的角度看，同中国这样的亚太大国保持良好的经贸关系，积极参与"21 世纪海上丝绸之路"建设，符合本国发展经济的需求。

三、中东欧：抓住机遇积极参与"一带一路"建设

（一）波兰："一带一路"的重要合作伙伴

波兰位于欧洲中心，地处东西欧交汇处，濒临俄罗斯和德国两大国际市场，地理位置优越，是中国通往西欧、北欧国家的桥梁，其交通枢纽地位极其重要。波兰国土面积 31.26 万平方千米，是欧洲第九大国。

波兰是欧洲最为稳定和发展最为快速的经济体之一，是欧洲唯一连续 20 多年保持经济增长的国家。2022 年波兰第一、二季度的 GDP 增长数据，一季度 GDP 增长率从 8.5% 上修至 8.6%，二季度 GDP 增长率从 5.5% 上修至 5.8%。波兰在欧盟属于经济水平中等靠后的国家，是欧盟堡垒的突破口，通过波兰市场平台进入欧盟诸国及波罗的海沿岸及部分独联体国家市场是很好的选择。若国内企

业开拓欧洲市场，可以将波兰作为中转站。

1. 中东欧最大的市场，中国的重要经贸伙伴

波兰是中东欧地区最大的国家和市场。波兰的主要贸易伙伴为欧盟成员，前十大出口市场中有九个是欧盟成员，其中德国为波兰最大贸易伙伴、最大出口市场和最大进口来源地。

波兰是中东欧国家中首个与中国贸易额突破100亿美元的国家，自2005年以来始终是中国在中东欧最大的贸易伙伴，也是中国在中东欧地区最大的农产品贸易伙伴。中国是波兰在亚洲的最大出口对象国，也是波兰在亚洲最大的贸易伙伴。

"一带一路"倡议提出后，波兰作为中国进入欧洲市场重要通道的作用更为突出。波兰的"2030"国家长期发展战略以及大力推动的经济外交与中国的"一带一路"倡议十分契合，中波合作对接恰逢其时。中国希望中波成为共建"一带一路"的重要合作伙伴，通过加强互利合作，拉紧利益纽带，深化利益融合，将中欧货运班列打造成"一带一路"重要通道，同时探索建设地区物流中心的可能性。

2. 交通运输业发达，中国货物通往欧洲的主要陆上通道

中东欧国家地理区位优势明显，波兰更处于十字路口，有条件成为新亚欧大陆桥的关键一环，可以作为"一带一路"上的交通枢纽。中波在物流、运输、园区建设等方面合作可有所突破。加强基础设施建设合作，将中东欧国家的港口、铁路、公路等交通干线连接起来，打造物流网络系统，提升通关人员往来便利化水平。届时将吸引各国地方政府、企业的深度参与，为扩大投资和贸易规模创造良好条件。

波兰的交通运输业比较发达，其主要铁路运输企业波兰国铁货运股份公司的总货运量在欧盟位居第二，仅次于德国。以总货运量计，波兰北部海岸城市格但斯克港口在整个波罗的海地区位居第二，也是全波罗的海唯一能让最大的远洋集装箱船舶直接靠泊的集装箱码头。此外，波兰拥有环波罗的海的33个港口，海运可直通大西洋。

在"一带一路"建设规划中，波兰是中欧陆路运输路线上中国货物进入欧洲的首个欧盟成员国，同时也是欧洲经济区成员国的第一站。波兰是欧洲"大陆级"

骨干运输线的重要组成部分，很多从中国通往欧洲的主要铁路都经过波兰。目前成都和苏州开行直达列车到波兰，自中国武汉开往捷克帕尔杜比采、自中国重庆开往德国杜伊斯堡、自中国郑州开往德国汉堡、自中国呼和浩特开往德国法兰克福等的多次货列都通过波兰领土。

（二）罗马尼亚：新型工业化国家，经贸合作空间很大

中国与罗马尼亚1949年10月5日建交，两国人民的友谊源远流长。罗马尼亚是中国在中东欧地区重要的经贸合作伙伴之一。近年来，双边经贸关系取得了长足发展，贸易规模不断扩大，中国在罗投资稳步增长，合作领域不断拓宽。统计数据显示：中国对罗马尼亚的累计直接投资额，由2005年的3900万美元上升至2014年底的1.91亿美元。目前，中国企业正处于进军罗马尼亚的机遇期，在基础设施、交通、能源等领域，与罗合作潜力巨大。

1. 基础设施投资空间较大

罗马尼亚公路网总里程为8.17万千米，其中高速公路321千米，欧洲公路6073千米。罗马尼亚铁路网络总长2.06万千米，均为电气化铁路。货运列车平均时速为25千米，客运列车时速为45千米。罗马尼亚已开辟连接首都和国内17个城市、欧洲大多数国家的航线。主要航空公司为罗马尼亚航空公司。目前有6个国际机场，最重要的是布加勒斯特的国际机场，年货物处理量占全国航空运输货物的80%。

罗马尼亚河道总长1779千米，拥有港口35个，其中海港3个。最重要的港口为康斯坦察港，是黑海第一大港，被认为是西欧发达国家和中东欧新兴市场间的货物中转站，运至康港的货物可通过多瑙河或公路网运往其他国家。康港与铁路、公路、内河、航空和管道网络相连，总占地面积1312公顷，水域面积为2614公顷，年货物处理量为1.05亿吨。与中东欧其他国家相比，罗马尼亚基础设施仍较为落后，该领域有较多发展机会。目前，罗马尼亚在电站、路桥、机场、港口的建设及改造方面有多个项目希望与中国合作。

2. 贸易投资环境相对优越

罗马尼亚位于欧洲东部，为欧盟"东大门"，处于欧盟与独联体和巴尔干国家交汇处。交通便利，泛欧四号、七号和九号通道穿越境内，拥有黑海第一大天然良港—康斯坦察港，河运发达，产品可经黑海—多瑙河运河直抵西欧。罗马尼

亚是中东欧地区最大的市场之一，人口在欧盟中排名第七。2007年加入欧盟后，产品可无障碍进入拥有近5亿消费者的欧盟市场。罗马尼亚主要的进出口货物大类为运输设备和机动车以及其他加工类产品。罗马尼亚是新兴工业国家，因劳动力、土地、税收等方面的优势成为东欧地区最有吸引力的投资目的国之一。其政局相对稳定，加入欧盟后，法律与欧盟接轨，规范化和透明度逐步提高。罗马尼亚劳动力素质相对较高，外语优势明显，技术教育发达，IT和软件人才享誉海内外，与其他欧盟成员国相比，劳动力价格相对低廉。罗马尼亚自然条件优越，资源丰富，石油和天然气储量居欧洲前列。土地肥沃，地表水和地下水蕴藏量较大，农业潜力巨大。工业基础雄厚，服务业发展迅速。

3. 提供多项投资鼓励政策

罗马尼亚投资优惠政策的主体框架是2008年6月底出台的《投资促进法》。根据该法规定，希望享受投资优惠的外国及本国投资者需满足以下条件：鼓励地区发展；保护环境；提高能效以及利用可再生能源；研发、创新以及高技术投资；增加就业及对员工进行培训；支持政府经济社会政策的其他领域。罗政府将主要以国家资助的形式向投资者提，供优惠，对购买有形和无形资产提供无偿补助。具体金额根据项目投资领域、投资额、目的、可行性、期限以及产品和服务提供商等标准确定，最高可达3000万欧元，对在首都布加勒斯特及伊尔福夫县之外欠发达以及失业率较高地区的投资支持力度更大。

在税收优惠方面，罗马尼亚加入欧盟后，对国税税收优惠进行了清理，只有经济特区或工业园区内的企业方可享受部分税收优惠。国家资助成为投资者可享受的投资优惠的主要形式。地方议会可以根据需要对工业园区内的投资者减免征收部分税种，主要是指建筑物税、土地税和交通工具税等。

《投资促进法》确定的可以给予优惠的投资领域主要包括：加工工业；供电、供气、供暖和空调业；供水、清洁、垃圾回收及有毒物质无害化处理；电信及信息服务业；职业培训、科技创新及研发活动；行政及其相关服务；环保项目。此外还规定，对在经济欠发达地区以及失业率较高地区的投资提供支持。

除了国家统一的优惠政策外，各地还可自行出台地区鼓励政策。罗马尼亚地方政府自主决策权较大，很多优惠政策均由县议会确定。经济发展水平和发达程度不同，各个地方提供的优惠措施也不同。首都及其周边以及西部发达县区的优惠政策相对较少，而东北和南部等相对落后地区的优惠政策则相对较多，力度相对较大。罗地方对投资的鼓励措施主要体现在：减征、免征或缓征地产税等地方税种；向投资者提供优惠的土地价格；提供各类投资信息以及改善相关基础设施等。

（三）捷克共和国：借助"一带一路"深化中捷经贸关系

捷克是工业化程度与经济情况较好的东欧国家之一，工业基础雄厚。目前，虽然服务业占主导地位，但工业仍在捷克经济中占有重要地位，吸纳了国内40%的就业人员。

1. 中捷双边政治经贸合作现状

（1）双边政治外交关系深化发展

近年来，在双边共同积极努力下，两国关系发展迅速，两国在国际事务及双边经贸等领域保持着友好合作与交流，捷克已成为中国在中东欧重要的伙伴国之一。2015年9月，捷克总统米洛斯·泽曼接受中方邀请，力排美国及欧盟反对，出席了中国纪念第二次世界大战胜利70周年阅兵仪式，成为唯一参与该活动的欧盟成员国总统及西方国家领导。2016年3月28日至30日，国家主席习近平访问捷克，是两国建交67年来首次访问。其间两国发表了建立战略伙伴关系的联合声明，并签署了一系列重要合作协议，两国关系已迈上历史性台阶。

（2）双边贸易增长迅速

2021年，中捷双边贸易额211.6亿美元、同比增长12.2%，其中中方出口额151.1亿美元、同比增长12.2%，进口额60.5亿美元、同比增长17.9%。2022年，中捷双边贸易额236.5亿美元、同比增长11.8%，其中中方出口额182.3亿美元、同比增长20.7%，从进出口产品结构看，我国对捷克主要出口产品包括：机械、机电设备、光学、摄影及测量设备、服装、非轨道运输设备等，进口产品包括机电设备、机械、非轨道交通运输设备、光学、摄影及测量设备、造纸木材及其他纤维材料、橡胶及相关制品。

（3）双边投资合作潜力较大

截至2014年的4年内，中国来自捷克的FDI累积仅0.73亿美元。目前两国相关合作积极，未来双向投资潜力较大。2015年4月，"捷克魅力周"在上海举办。2015年7月，中国大型经贸投资团访问捷克，并与捷克工业联合会在布拉格举办了中捷贸易投资环境说明会。2015年11月，"2015中国投资论坛"在捷克布拉格举行。联合国商品贸易统计数据库数据显示，中捷双边货物贸易额持续增长，2020年双边贸易额达到188.7亿美元。中国成为捷克第二大贸易伙伴，捷克则是中国在中东欧地区的第二大贸易伙伴。中国对捷克处于较大的贸易顺差地位。

（4）中国赴捷克旅游人数快速增长

捷克旅游局对外公布旅游统计数据显示，2019年上半年中国赴捷克旅游人数已超过25万。为吸引中国游客，捷克布拉格一家购物中心在当地孔子学院帮助下取名"高特瓦"（捷语名Kotva），成为首家拥有中文名称的实体商店。目前中国在捷克旅游客源地中排名第十，在游客人数方面增长最快。

2. 合作前景广阔

捷克总理索博特卡在"2015中国投资论坛"开幕式上表示，捷克和中国的双边关系正处于历史上最好的时期，捷克愿积极配合中国的"一带一路"倡议，成为中国企业登陆欧洲的桥头堡。目前，中国与捷克在"一带一路"倡议背景下的首个合作项目是建立北京与布拉格直达航线（海航），该项目已于2014年9月23日正式启动。其他商务合作及投资成果还包括：中国银行在捷克设立分行，华信能源收购捷克斯拉维亚足球俱乐部、入股捷克的金融集团、啤酒企业及传媒集团。此外，捷克飞机工业公司制造的通勤客机"L-410"在中国拥有大量潜在客户，有望在中国短途客运方面与中国进行合作。关于中捷共建科技园产业区的可行性也已展开讨论。

（1）深化中捷关系，推进两国政策协调，加强中国与中东欧区域合作

捷克是中东欧重要发达经济体，在欧洲的工业体系中具有重要地位，中捷应在经贸关系的基础上，进一步深入发展两国政治和外交关系，增加政治互信，促进高层互访，实现政策协调。与此同时，应积极完善中国与中东欧国家间"16+1"合作机制，加深与东欧国家联系与合作。

（2）以共建"一带一路"为契机，推动中捷经贸合作迈上新台阶

当前及未来时期，应重点依托"一带一路"建设形成的良好合作环境，深入挖掘双边经贸发展潜力。贸易上，一方面，捷克长期对华保持贸易逆差，具有提高对华出口的内在诉求。可增加对捷克高技术机电设备、精密仪器及木材橡胶等优质产品的进口，进一步优化两国贸易结构，努力实现贸易平衡发展；另一方面可利用当前捷克经济持续转暖、国内需求旺盛的有利时机，进一步开拓出口市场，

增加出口我国高科技装备制造业、机电、运输设备等。

（3）继续加强中捷工业领域交流与合作

开展对捷克工业基地转型升级成功经验的研究工作，加强与当地官方及成功企业合作交流，探讨成功模式与案例。组织相关机构赴捷克调研，探索捷克与东北老工业基地的创新合作交流模式，积极利用与实践捷方经验，努力实现东北老工业基地振兴与发展。

（4）积极推进中捷文化合作交流及民间往来

继续发展中捷旅游及文化领域合作，在更高起点上不断开拓中捷教育文化双边交流与合作的新局面。针对中国面向捷克的旅游、教育、探亲访问等交流活动的持续增加，建议捷方考虑简化对中国公民的签证程序，促进双边人员流动和民间往来。

（四）匈牙利：加大引资力度，加强经贸合作

匈牙利位于欧洲中部，国土面积约9.3万平方千米，人口总数约1000万。匈牙利自然资源贫乏，主要矿产是铝土，蕴藏量居欧洲第三。地热资源丰富，全国约2/3的地区有地热资源。农业在匈牙利占重要地位，主要产品有小麦、玉米、马铃薯和甜菜。工业以机械制造、精密仪器、食品加工和纺织为主。该国葡萄酒酿造非常出名。

1. 工业基础良好，经济恢复增长

匈牙利已进入发达国家行列，工业基础较好。匈牙利根据本国国情，研发和生产一些有自己特长的和知识密集型产品，如计算机、通信器材、仪器、化工和医药等。匈牙利受全球金融危机和欧债危机冲击较大，近年来，在青民盟政府的一系列经济刺激举措下，经济出现缓慢复苏。

2. 优化投资环境，吸引更多外商投资

匈牙利为更好地吸引外资，提高本国企业的国际竞争力，不仅积极简化业务流程，而且采取实施现金补贴（来自匈牙利政府或欧盟基金）、免税额、低息贷款，以及减免地价等一系列优惠措施。这有助于进一步吸纳来自"一带一路"沿线国家的投资，毫无疑问，也有助于吸引中国企业的投资。目前匈牙利已成为中东欧地区人均吸引外资最多的国家之一。

3. 中匈关系稳固，经贸往来增大

匈牙利是最早承认中华人民共和国的国家之一。1991年5月，两国签署了投资保护协定。1992年5月，中国布达佩斯贸易中心开业；同年6月，两国政府关于对所得避免双重征税和防止偷漏税的协定在北京签署。2012年5月，李克强总理访匈，此次访问深化了双方务实合作，加强了匈中友好关系。匈方表示愿扩大与中国的贸易，增加对华出口，吸引更多中国企业投资，共同应对国际金融危机，深化两国教育、旅游等人文交流。

据匈牙利外交部部长西亚尔托宣布，中国在匈牙利将有两项重大投资，均是汽车行业。西亚尔托出席了由中国汽车零部件供应商 Chervon Auto（泉峰汽车）在匈牙利东部米什科尔茨建造的新汽车零部件工厂的奠基仪式。该投资价值175亿匈牙利福林（5450万美元），匈牙利政府以53亿福林的赠款支持该项目。

目前，我国是匈牙利第四大和欧洲以外第一大贸易伙伴，匈牙利是我国在中东欧地区第三大贸易伙伴（前两大为波兰和捷克）和第二大进口来源地。

四、欧盟：投资热点，潜力很大

欧洲是中国最重要的贸易伙伴之一，中欧具有良好的经济合作基础。2022年，中国与欧盟双边货物贸易总额达8473亿美元，同比增长2.4%。除了进出口贸易，中欧的直接投资关系也在不断增强。统计数据显示，在20世纪90年代初，欧盟在中国的投资几乎为零，但到2022年，欧盟对华投资已高达100亿美元。目前，欧盟是中国第一大贸易伙伴和第一大进口市场，因此，无论从经贸关系，还是就地理位置而言，进一步加强中欧经济合作是推进"一带一路"建设的重要内容。

（一）中欧投资合作潜力巨大

1. 投资稳步上升，并构成主要方式

根据欧盟数据，2021年中国对欧直接投资额达90亿欧元，同比增长38.5%，较2020年有明显增长；但由于欧洲额外投资审查阻力等问题，中国对欧投资水平低于2019年。

中资企业通过并购来获得欧洲的专有技术、品牌技能等，增强企业在相关领域的国际竞争力。国家商务部统计数据显示，2014年中资企业在欧洲投资并购项

目主要集中在意大利、德国、法国、荷兰、英国等国家。

2. 国别分布集中，市场覆盖率高

据《今日工业报》报道，2018年上半年，中国的海外投资，瑞典在所有欧洲国家中所占份额最大。在此期间，中国在瑞典的投资约为320亿瑞典克朗。另外，中国对英国、德国和法国的投资在欧洲也排名前茅。欧洲三大经济体德国、英国和法国一直是中国投资的"热土"。此外，中东欧国家由于地处"一带一路"沿线，也收获越来越多中国企业投资，孕育着众多机遇。

（二）中国投资欧盟面临的主要问题与发展前景

受欧债危机的影响，欧盟内部改革面临着较大的压力，欧洲国家与中国加强经贸合作的意愿增强；中俄加强合作机遇良好。未来中国与欧洲：各国的战略合作将进一步加强，推动双边经贸合作不断扩展和深化。

1. 规模有望继续扩大

随着中国"一带一路"倡议的实施和中欧投资协定谈判的不断推进，越来越多的中国企业看好欧洲市场，将欧洲作为首选投资目的地，预期中国对欧投资规模将不断扩大。

2. 并购仍为主要方式

欧洲市场为中国企业提供了更多并购的机会，并购欧洲优质企业也是中国产业结构调整和经济转型升级的内在需求。

3. 投资领域更多元化

欧盟构建泛欧交通网络等基础设施项目与中国倡导的"亚欧互联互通"有许多共通之处，将进一步促进中欧在基础设施领域的合作。欧洲国家在新能源、节能环保技术方面处于领先地位，中国在该领域有着较大的需求，这将进一步促进双方在新能源、新材料信息技术、生物、航空航天等新兴产业领域的合作。

4. 中欧合作风险犹存

欧洲经济复苏缓慢，从长期看，欧洲经济仍需致力于结构性改革，经济长期好转存在不确定性。欧元区和欧盟内部发展不均衡经济增长不同步的问题依然比较突出。此外，部分国家失业率较高、移民问题等也给中资企业投资欧洲带来不稳定因素。

(三)"一带一路"背景下深化中欧经济融合之道

1. 开展在"一带一路"沿线的产能合作

在中国提出"一带一路"倡议之后，欧洲从自身利益出发，积极寻找与中国相互配合的合作机制。除了加入亚投行以外，欧盟还提出"容克"投资计划与中国"一带一路"倡议相互结合的构想。为了实现这一对接，双方决定建立中欧共同投资基金等。此外，我国已与欧洲着手制定能源领域合作路线图、深化信息通信技术领域对话与合作，以及能源、环境、基础设施等领域开展合作等。

综上，中欧合作正由单纯地贸易向服务贸易和投资、技术研发等领域全面扩展。在优势互补、合作双赢的原则下，拟实现投资、服务贸易自由化，进而签订中欧自由贸易协议；与此同时，双方积极探索"一带一路"沿线的合作机制，从而在相互和沿线合作中逐步加深经济融合，实现"国际产能合作"。由此可见，中欧经济融合的基本路径已经初现。

2. 力促投资协定早日达成

当前，欧盟对于中欧双边投资协定表现出极大的兴趣和热情。欧盟的评估报告认为，中欧双边投资协定将会使欧盟在电子设备、汽车交通设备等行业的就业率出现 0.3%—0.7% 的提升，使得欧盟整体的真实收入出现 0.01%—0.05% 的增加，FDI 的输出将大大推动欧盟企业劳动生产率和竞争力的提高。欧债危机以来，中国的直接投资重点从拉美、非洲等地区逐渐向欧洲倾斜。因此，我国应当充分把握当前双方均有意达成协议的形势，分析中欧关于投资自由化和市场准入的分歧和矛盾，重视欧盟关于要求更加公平、透明的投资规制，依照"有进有退"的原则，力促中欧双边投资协定早日达成。

3. 力争在合作中赢得主动

研究表明，区域主义具有类似多米诺骨牌的传播效应，当一国的贸易伙伴重新安排其对外政治经济的部署，则该国也极有可能签署类似自由贸易协定（FTA）。也就是说，FTA 协定具有传染性，其传染程度取决于贸易伙伴市场对该国的重要程度。截止 2022 年 6 月，中国已经签署了 14 个双边区域经济合作协定。从中欧经济融合角度出发，我国应重视与欧盟重要的贸易伙伴的关系，例如东欧、丹麦、俄罗斯甚至美国的贸易投资合作协定，通过更多的贸易合作伙伴渠道，向欧盟传递在市场准入规则、国民待遇、降低关税、技术标准等方面的态度和底线,通过传播效应,在与欧盟的合作中赢得主动。

4. 汲取欧盟国家的丰富经验

欧盟经历了半个多世纪的区域合作历程,可以为"一带一路"的合作与发展提供丰富的经验。首先,欧盟有先进生产技术。"一带一路"建设过程中隐含诸多增长机遇,包括交通设施、能源开发、电信通信等全方位的跨国基础设施建设,欧盟在这些领域具备一定优势。其次,欧盟有区域开发性金融业务经验。在"一带一路"沿线大多是正处于社会和经济结构转型时期的发展中国家,各国在政治制度、经济发展水平、产业结构等各方面存在着很大的差异。在欧盟发展的过程中,也同样面临国别的各种差异。欧盟曾通过设立结构基金、欧洲地区发展基金、欧洲投资银行、提供优化贷款等政策工具来支持落后地区。因此,他们在开发性金融业务开展、风险控制等方面具有丰富经验。最后,欧盟具有发达的海外保险业务。投资"一带一路"沿线国家往往具有较大风险,跨境基建投资、贸易融资需要跨境保险业务的支撑和保护。相对于我国较为落后的保险市场,欧洲一些大型的全能银行,均是以银行和保险业务作为经营模式而逐渐发展成为跨国银行集团。因此,我国可以通过并购欧盟金融机构以及银行间的业务合作,学习欧盟跨境保险业务的经验。

第三节 中国与"一带一路"沿线国家双向直接投资合作

20世纪90年代以来,全球价值链分工成为突出特点进入大众视野。全球价值链分工模式下,国际直接投资与国际贸易深度融合成为国际贸易和国际直接投资发展的新趋势。全球价值链首先是制造业价值链,但随着全球价值链的不断发展演进,国际直接投资在全球价值链上的运动日益从幕后走向台前。利用外资质量成了影响价值链分工的最根本因素之一,对外直接投资是一国主动出击、参与全球价值链、提升价值链的有效途径。与利用外资相比,我国对外直接投资还呈现出广覆盖、投资额小的特点,这些特点使得我国在与周边国家的双向国际直接投资方面还比较薄弱。

一、中国与"一带一路"沿线国家双向直接投资现状

有研究将东亚生产网络的宏观特征概括为"FDI-贸易关联",这从一定角度说明了包括中国在内的东亚国家在东亚生产网络发展过程中引进外资的情况。改革开放以来,随着中国吸收外资阶段的变化以及引资目标的改变,中国引资战略不断发生演变:从大力引进外资,弥补储蓄和外汇双缺口,到以市场换技术;从引进外资的数量与质量和效益并重,到引进外资的质量从注重效益到引资、引技、引智全面提升阶段;从利用外商投资为主转向利用外商投资和对外投资并重。

当前,随着经济全球化和全球价值链的深入发展,国际贸易和国际直接投资深度融合,我国成为2008年世界金融危机以来新一轮引进外资大国,并进入"吸收外资服务经济时代"。2015年我国对外直接投资额首次超过利用外资额,但我国与周边国家的双向投资还十分薄弱。周边国家对我国的直接投资占比较小,来源国数量有限。我国向周边国家的直接投资呈稳步增长态势,实现了周边国家的全覆盖,但投资额也比较小。

二、中国与"一带一路"沿线国家双向直接投资存在的问题及成因分析

通过对中国与周边国家国际直接投资现状的梳理和总结发现,整体上,20世纪90年代以来,中国对外直接投资实现了"一带一路"沿线我国周边国家全覆盖,但投资额较小;"一带一路"沿线我国周边国家向我国的直接投资的来源国集中在少数几个国家,大部分国家无数据显示向我国直接投资。此外,我国的对外直接投资,包括向"一带一路"沿线我国周边国家直接投资,由于投资收益不平衡等问题频遭外界质疑。究其原因,也可分为战略因素、发展因素和风险因素三类,具体总结如下:

第一,战略因素。一方面,长期以来,国企是我国对外直接投资的主体,对外直接投资的政治意义和经济意义不对等,承担政治任务,非自发、非自觉参与价值链,导致投资效应被弱化、投资效应差和投资失败。尤其是与"一带一路"沿线我国周边国家的经贸合作,战略意义和经济意义交织,对外直接投资的经济收益不确定性大。

第二,发展因素。对外直接投资作为区别于传统作为发达国家专属特权的经

贸活动，成为当下各经济体对外进行产业转移和拓展国际市场的战略决策。中国对外直接投资实现了"一带一路"沿线我国周边国家全覆盖，表明中国迈出了对外开拓周边国际市场的重要步伐，投资数额小则表明我国对周边国家的直接投资尚处于起步阶段。周边国家向我国的直接投资状况表明，周边大部分国家参与全球价值链的程度还不够深入，主动融入全球价值链的进程还比较缓慢，这受制于各经济体自身的发展水平和发展层次。

第三，政治因素。东道国政治不稳定、内部冲突以及民众对外来投资的消极态度，东道国投资保护主义、国家安全审查和行业准入限制，企业自身国际竞争力不足等风险，以及周边部分国家与我国的领土、领海争端，使我国的OFDI极易受主权敏感事件和民族主义活动的影响。

上述因素都会对中国向"一带一路"沿线我国周边国家的OFDI产生不利影响。

整体上，我国与"一带一路"沿线我国周边国家的双向国际直接投资尚处于起步阶段，无论从投资规模还是投资流向上看，其实力都比较薄弱。我国向周边国家的直接投资呈稳步增长态势。向周边国家的直接投资方面，实现了周边国家的全覆盖，但数额较小。我国对周边主要国家外资流入依存度呈持续下降趋势；整体上，周边国家对我国外资流入依存度稳中有升，但由于我国向"一带一路"沿线我国周边国家的投资额较小，依存度变动幅度不明显。中国与"一带一路"沿线我国周边国家双向直接投资的发展状况，主要受经济体发展水平、发展战略的制约。

第四节 中国企业对外直接投资进入模式战略分析

企业在考虑对外直接投资决定因素的基础上，当企业做出"走出去"的决策后，往往需要制定完整的投资战略。其中进入模式以及投资区位的选择成为跨国企业重点考虑的问题，而进入模式的选择与确定又需要企业综合考虑存在的制约条件和全部决定因素。在对不同经济发展水平国家开展投资时，企业进入模式选择也存在差别。为保证中国对外直接投资战略的顺利实施，政府和企业都应该充分整合自身优势，积极主动参与投资。

一、企业对外直接投资进入模式的选择

目前，对外直接投资企业最基本的进入模式为新建投资（Greenfield）和跨国并购（M&A），也是企业开展对外直接投资时首先需要关注的问题。有关国际直接投资理论中，如最著名的国际生产折中理论并没有区分对外直接投资的不同进入模式，因为该理论主要是以新建投资为基础而提出的。从20世纪80年代开始，跨国并购逐渐取代新建投资成为对外直接投资的主要方式，而对于企业不同进入模式的选择方面，现有的有关国际生产的研究文献只能部分地解释这一现象。

一个对外直接投资企业在开展投资时考虑选择新建投资进入方式或者跨国并购进入方式，其主要依据应当是衡量直接目标下两种不同进入方式的总成本、市场和政策的差异性，应对其进行综合比较与分析。同时，还要结合企业自身的竞争优势情况，谨慎选择新建投资或跨国并购。总之，这一选择是对外直接投资企业经过一系列审慎权衡后所得出的结论。下面通过从影响跨国企业对外直接投资进入方式的宏观和微观因素入手，分析跨国企业对外直接投资的进入模式选择，并从新建投资和跨国并购两种进入方式的比较中得出跨国企业选择投资进入方式的原因或依据。

（一）宏观层面

1. 模式选择将受到宏观经济环境的影响

金融危机发生时，世界经济普遍不景气，在此影响下，很多公司的市盈率大幅下降，经营困难和财务问题等也促使企业加快重组，这样就需要一定的资金支持。在这种情况下，并购等方式可以满足投资者资金需求，以获得相应的资产和市场，目标企业也能够通过重组度过艰难处境而继续生存。此时企业估值的普遍偏低也有利于并购的实现。

2. 企业对外直接投资存在来自多方面的风险

不论是投资建新厂还是并购，企业都不可避免地面临投资风险。当企业在外国开展投资活动时，不免会遭受来自外国政治因素的影响，如战乱、国有化政策、与母国的外交纠纷等，尤其是不发达国家，法制不健全使得投资活动得不到很好的保障。此外，企业海外投资还将面临外汇风险，汇率的波动导致海外投资活动的收益存在较大不确定性，进而给企业造成损失。

3. 跨国并购中可能涉及东道国政府政策问题

不论是发展中国家还是发达国家，关于引入外商直接投资方面大都出台了许多激励措施，但并非所有产业行业都被允许投资，尤其是发展中国家，出于保护本国产业或国家安全等原因，对很多行业的投资做出了很多限制性规定，在审批过程中不予通过。东道国是否批准并购取决于并购行为是否对东道国有利，即东道国需要对并购行为是否符合其自身利益进行判断。相对于投资建设新厂，并购行为有时是有害的。比如改革开放过程中的国有企业改革，转卖的方式确实给当时生存艰难的国有企业提供了大量的资金支持。但以中国实际情况来看，企业生产能力并没有增加，同时企业转卖过程中不仅存在价值低估的情况，还由于并购完成后对员工的裁减而引发了诸多社会问题。如果并购者是行业内大型的垄断厂商或寡头企业，并购还将进一步削弱市场竞争，不仅丧失了本国对企业所有权的掌控，还失去了相应的产品市场，甚至使整个行业市场全军覆没，如20世纪90年代中国的胶卷行业。而新建投资不仅能增加行业产能，还能带动就业，促进竞争，显然对东道国更加有利。

东道国在决定是否批准并购时会有很多非经济方面的考量。在一些文化壁垒比较强的行业，如传媒、娱乐，并购可能会造成意识形态方面的顾虑，从而给并购带来阻碍。并购当地一些战略性或标志性企业会对东道国居民造成心理方面的冲击，甚至有时会上升至国家主权的高度，尤其当并购涉及资源类能源类企业时，经常遭到阻挠。对于一些竞争性行业的并购，可能还会对当地市场竞争环境造成不利影响，如果并购者处于市场垄断地位，则东道国很可能出于保护本国中小企业的目的来阻止企业的扩张活动。

总之，东道国政府对待并购行为的态度取决于本国的利益。当外资企业在提供资金、促进当地经济发展以及对本国行业、产业有利时，东道国政府才会持支持态度。这种形势下东道国的政策影响着跨国企业投资方式的战略选择。

（二）微观层面

1. 企业选择并购的前提是东道国存在并购对象

在实践中，满足这一条件的企业往往十分有限，因为多数企业是不愿被收购的。即使对方愿意被收购，该企业也可能并不是一个很好的收购对象，还可能存在双方企业都同意，但东道国当地环境不允许的情况。比如中海油在收购优尼科时，双方公司都同意，却遭到美国政府的反对，同样中海油在收购尼克森时，是以游说政府和引入民众加入等很多附加保障后才得以通过。如果没有合乎条件的收购对象，企业只能选择新建企业的方式。这种方式相对于并购来说，生产资料等固定资产都是新建的，能够省却并购后双方公司整合的问题。

因为并购对象并不容易获得，企业选择并购在很多情况下并不是长期谋划的结果，而是当存在满足自身需求状况的企业表现出出售意愿时，企业才开始研究自己是否可以进入东道国市场，是采取并购方式还是新建工厂的方式。这种意外的并购机会在很多情况下不是企业自己努力争取来的。从对外投资的动机性方面考虑，企业新建工厂的方式包含的主观意愿更多。在新建工厂前，企业需要对东道国环境进行调研和考察，包括市场饱和度、产业竞争度、自身产品的竞争优势和劣势等，从而根据东道国具体情况，选择是否进行投资建厂。相比并购这种等机会的手段，新建工厂可能面临更多的投资机会。当东道国市场存在饱和或东道国政府出于对某些产业实行保护而人为增加投资壁垒时，并购可能是仅有的进入方式。随着全球经济一体化进程，各国的经济界限日渐模糊，产业差异的缩减加剧了企业竞争的激烈程度，在这种条件下，不论哪个国家总会有企业为适应激烈的竞争而选择重组来提升竞争力和生存能力。因此，可供选择的合适的并购对象会越来越多，企业选择并购方式的可能性也将越来越大。

2. 企业选择并购或新建投资与其发展战略有关

企业发展战略决定了并购对象的选择。如果并购是为了获取市场和扩大规模，其并购对象的业务范围需要与并购方一致；如果为了协同效应来提高效率，那么应该关注并购对象的协同能力，此时如果被收购企业属于竞争力比较强的企业，那么其优势资产可能会得到转移利用，如专利、技术等，企业的销售网络等无形资产也会得到有组织的利用。如果企业的并购是为了减少风险，则可以选择其他行业的企业来扩大产品多样性。

3. 企业进行对外直接投资时需要进行成本分析

从企业的角度，企业开展生产经营活动和投资活动的最终目的是实现利润最大化，在选择投资方式过程中必然会考虑成本的因素，因为采取不同的方式，成本也并不相同。企业在研究计算并进行比较后才能决定进入方式——是新建工厂还是实行并购。对于市场不健全的国家，如大部分发展中国家，资本市场一般不完善。这类国家中的企业就会存在价值低估的可能。当东道国经济产生剧烈波动时，普遍的资产价值缩水就使得并购成为可能。产权制度的缺失或不完善给了投资者通过低价收购获取超额价值的机会。这个时候的并购显然优于投资建设新厂。利用东道国资产估价的不成熟来进行并购，跨国公司能够以较低的成本获取相对优质的资源，这些资源是通过建设新厂无法获得的。资本市场不完善也使得企业的股票无法准确衡量企业的价值。当存在企业经营管理不善或汇率波动等短期因素引起股票相对波动，偏离企业真实价值的时候，对企业价值的评估如果高于股东的价值衡量，此时的并购能够给并购者带来丰富的短期资本收益。而在此之前，并购者必须对这种存在财务危机的并购对象的资本收益流量进行细致的分析研究，以决定并购时机。

对于一些研发密集度高、市场集中度高等进入壁垒高的行业，采用并购的可能性比较大。这种行业投建新厂的成本比较高，如航天、电力、电信行业等，选择并购是比较经济可取的方式。

4. 市场也是影响企业选择投资进入模式的因素

企业在追求利润最大化过程中，还需要考虑其产品销售、市场占有率等因素，因此市场也会是企业选择投资进入模式的影响因素。相比投资建设新厂，并购并不需要大量的基础投资建设，不必花费大量人力、物力做筹建工作，需要的时间相对比较短，企业能够迅速地进入东道国市场，而这一点在当今激烈的市场竞争中尤为重要。自由竞争和快速的技术革新并没有给企业太多的时间去开拓新市场，那么从新市场中直接获取现有企业的厂房设备等生产资料就帮助企业缩短了投资周期，使企业能快速、有效地扩大在东道国的市场份额，并取得一定的市场地位。对于一些寡头企业和垄断企业，这种争取市场的并购行为可以有效地加强行业进入壁垒，增强垄断地位，进而控制市场。

投资建设新厂速度慢、周期长，可能使跨国企业丧失扩大东道国市场的机会。而且，投资新厂带来的生产能力的增加不可避免地会加剧东道国市场竞争，并购则可以避免这一点。此外，如果并购对象生产的产品与并购者的产品存在差异时，并购行为会增加并购者的产品种类，拓宽其市场规模，为企业带来更多的利润。

5. 企业进行投资还需要考虑企业资产的变动

企业资产包括有形资产和无形资产，其中投建新厂可以获得有形资产，但品

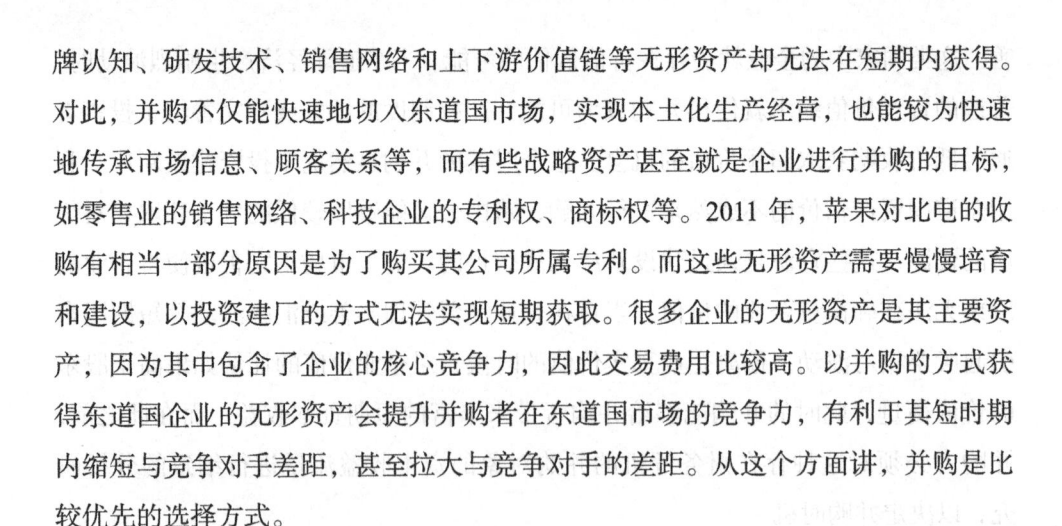

牌认知、研发技术、销售网络和上下游价值链等无形资产却无法在短期内获得。对此，并购不仅能快速地切入东道国市场，实现本土化生产经营，也能较为快速地传承市场信息、顾客关系等，而有些战略资产甚至就是企业进行并购的目标，如零售业的销售网络、科技企业的专利权、商标权等。2011年，苹果对北电的收购有相当一部分原因是为了购买其公司所属专利。而这些无形资产需要慢慢培育和建设，以投资建厂的方式无法实现短期获取。很多企业的无形资产是其主要资产，因为其中包含了企业的核心竞争力，因此交易费用比较高。以并购的方式获得东道国企业的无形资产会提升并购者在东道国市场的竞争力，有利于其短时期内缩短与竞争对手差距，甚至拉大与竞争对手的差距。从这个方面讲，并购是比较优先的选择方式。

6. 重视企业文化和管理模式的差异性

企业进行对外直接投资时还需要综合考虑其自身的企业文化和管理模式。一个公司的管理风格和企业文化是长期形成的，包括经营理念、人力资源管理和组织构架等，这些决定了企业的管理模式和经营方法，在企业战略决策中具有关键作用。企业在进行对外投资前，要对自身特点有相当的了解，管理风格是稳健型还是创新型，对于决策制定是比较迅速还是比较迟缓，生产的产品的研发周期是漫长还是简短，企业的发展战略是横向还是纵向等，然后有选择地发挥自身特点，利用自身比较优势选择最为恰当的投资方式和投资对象。

企业的管理导向分为财务型和经营型。财务管理导向关注企业运行过程中的经济数据，通过分析来获得全面信息，然后在企业目标指导下对投资、运行、筹资和分红等进行管理，这种管理方式比较适合进行并购，因为企业运行中并购者可以运用经济数据进行控制。经营型管理比较偏重在制度层面对企业功能和经营过程进行规范，实施过程中对企业的经营绩效进行考量，在这种管理方式中对绩效的控制比较强，当采用并购行为时，因为绩效指标等因素的不同，常常会出现"并"而不"合"的情况，导致并购项目的整合效率比较低。

此外，具有相似文化背景的企业采取并购方式的可能性较大。这种企业在并购后的管理和文化融合等方面面临的障碍更少，更有利于并购后企业的进一步发展。而像TCL在国际化道路中对汤姆逊彩电部门的收购，就因管理问题和技术问题而导致后来的经营困难重重。

7. 分析并购可能带来的协调效应

并购可能因为协同效应而提高了企业效率。并购的协同效应指并购后企业效率大于并购前两个企业效率之和。两个企业合并后产生的规模经济、市场份额扩大、优势互补等因素提高了企业的生产经营效率。并购后生产规模的扩大降低了产品中固定资产比率，提高了产品收益率。如果是垄断性比较强的企业的并购，则无疑增强了企业的市场控制能力，为企业带来更多的垄断利润；以实现纵向一体化为目的的收购，则通过将企业产品外部流通成本转化为生产的中间环节，进而实现在降低交易费用的同时增强生产过程的配合，使生产活动更有效率；优势互补的并购能优化两个企业的资源配置，统一的组织结构能有效协调两个公司的优势环节，进而提升企业的生产效率。

总之，从跨国投资者角度来看，无论选择新建方式还是跨国并购方式，所考虑的只是本企业的利益，并不会考虑对东道国发展有何影响，因为跨国企业的目标和东道国的目标往往不完全一致。两种投资模式都有可能产生对东道国的正面影响或负面影响。无论以哪一种模式进入，跨国企业进入东道国后的竞争行为都将是相同的。

二、企业对外直接投资的不同进入模式比较

（一）绿地投资与跨国并购

跨国企业以对外直接投资方式进入外国市场的最主要的模式有绿地投资和跨国并购两种。

1. 绿地投资

绿地投资又称为新建投资或创建投资，是指"跨国公司等投资主体在东道国境内依照东道国国家有关法律所设置的部分或全部资产所有权归外国投资者所有的企业"[①]。

绿地投资是早期跨国企业到海外拓展业务比较青睐的进入模式，具体而言，绿地投资有两种形式：一是建立国际独资企业，其形式有国外分公司、国外子公司和国外避税地公司；二是建立国际合资企业，其形式有股权式合资企业和契约

---

① 刘阳春.中国企业对外直接投资动因与策略分析[M].广州：中山大学出版社，2009.

式合资企业。到东道国开展绿地投资，不仅会直接促进东道国生产能力的提高，还会促进产出和就业的增长，而且对东道国技术和管理水平的提升也有一定的帮助。因此，发展中国家一般都会采取各种类型的优惠措施来吸引来自发达国家的跨国企业到本国开展绿地投资。

2. 跨国并购

跨国并购是跨国兼并和跨国收购的总称，是指"一国企业（又称为并购企业）为了达到某种目标，通过一定的渠道和支付手段，将另一国企业（又称为被并购企业）的所有资产或足以行使运营活动的股份收购下来，从而对另一国企业的经营管理实施实际的或完全的控制行为"。其实质就是涉及两个以上国家或地区的企业间的合并与收购。

根据联合国贸易与发展会议的定义，跨国并购包括以下两种情况：一是外国企业与境内企业的合并；二是并购企业通过收购被并购企业10%以上的股权，从而使其资产和经营的控制权转移给并购企业。

（二）绿地投资与跨国并购模式的对比

1. 短期分析

尽管并购和绿地投资两种不同的对外直接投资模式都能够为东道国带来来自投资母国的金融资源，但并购方式所提供的金融资源并非总是能够增加东道国生产资本的存量，通过绿地投资的模式，资产才可能会增加。而且，当以并购方式进入东道国时，有时可能造成大面积的裁员，而相比较而言，绿地投资的进入模式可能会带来就业率的增加。

2. 长期分析

并购和绿地投资两种进入模式在长期是否能够创造就业，取决于投资者进入的动机和目的，而并非取决于进入模式。从东道国角度来看，之所以需要引入外商直接投资，其目的就是为了能够在某些产业或行业中引入新的资本，有利于当地经济多元化发展。而在实践中，不论是绿地投资还是并购都能够为东道国带来生产、经营、管理等多方面的互补性资源。

随着当前经济的发展，跨国并购成为跨国企业在参与全球竞争时更倾向于进入模式，而绿地投资在对外直接投资中所占比重已经有所下降。随着经济全球化的进一步发展，这种趋势还将更加突出。

三、企业对外直接投资进入模式选择策略

通过以上对跨国企业对外直接投资进入外国市场的模式选择的分析，根据本书的研究框架，分别就我国对发达国家、发展中国家和欠发达国家的对外直接投资的进入模式策略进行分析。

（一）对发达国家的投资以并购为主

相对于中国而言，发达国家无论是平均工资水平还是土地使用成本等都比较高，如果到发达国家开展劳动密集型行业的投资势必会降低企业的竞争优势，同时也与中国企业的生产技术与管理水平现状不符合。根据第五章的东道国决定因素分析，到发达国家投资，主要目的是利用和开拓东道国更为庞大的消费市场和获取东道国更具优势的资源。而发达国家恰恰拥有更为先进的技术和管理经验，对发达国家的投资主要就是为了获取这一有利资源。

在对发达国家开展投资时，对于外汇资源相对较为充裕的企业来说，无论从进入速度的把握与控制、优势资源的获取，还是从降低进入风险、减少进入障碍的角度来看，并购方式都是更为合适的进入模式。企业在开展对外直接投资时，必须尽可能地在最短的时间内以更加高效的方式组织资源、安排生产。而并购可以较好地实现双方竞争优势的转移。同时，还可以培育新的竞争优势，从而为企业创造来自诸如企业规模的扩大、经营管理经验的共享、营销渠道的全面覆盖、市场份额的增加以及多角化经营等多方面的新价值。也就是说，通过对发达国家的并购，实现对其竞争优势的不断消化和吸收，进而改进和创新，最终为企业创造出新的竞争优势。

此外，由于发达国家往往具有先进的科学技术和更为成熟的资本市场，因此在股权安排与分配方面，也可以使用合资的方式开展直接投资，这样将有利于对合资方所拥有的技术和管理经验进行合理的学习、吸收与引进。

但是，能够开展并购方式投资的前提是东道国必须存在可供并购的企业，如果这一前提条件不存在，则只能考虑其他的进入模式。可行的方式包括在东道国创建研发机构等。这些机构主要从事对新产品、新工艺的研究、开发与利用。通过这样的投资进入模式实现对东道国高水平人力资源、管理经验和先进技术的充分有效利用。此外，如果条件允许，还可以进一步考虑与一些东道国的研发机构

建立战略同盟或联盟，共同从事高新技术的研发工作。这样，既可以实现优势互补，还可以共同承担风险。

（二）对发展中国家的投资以新建为主

我国对发展中国家开展直接投资时，从众多发展中国家自身的政治、经济角度考虑，在来自投资国的股权安排和企业并购等方面，往往会存在政策制约与限制，此时，新建投资可能更受欢迎，成为更加有效地进入模式。在经过了多年的经济建设后，一些发展中国家的经济有了很大改善。在亚洲，出现了"四小龙"和"四小虎"；在非洲，尽管局部地区依然存在动乱情况，但很多国家的经济已趋于稳定；在拉丁美洲，以墨西哥、巴西、阿根廷为代表的国家均实现了经济的高速增长。与这些国家相比，来自中国的企业在边际产业转移型投资方面一般都具有比较优势，主要体现在生产技术更为成熟，同时中国国内这些行业的制造能力过剩、竞争异常激烈等。在这种情况下，开展对外直接投资对于企业而言很可能是唯一可行的出路。对于一些刚刚开放的国家，如越南等，其劳动力的使用成本往往低于中国某些工业发达地区，并且对于制成品的市场需求有限，国家整体收入水平不高，大规模的生产技术未必能施展其优势，相反一些小规模技术却可以取得规模经济效益，这也恰好迎合了中国一些企业的投资需求。对于一些拉丁美洲和非洲国家的投资，则更倾向于自然资源（森林、矿产等资源），而这些国家出于经济发展的考虑，纷纷出台各类优惠政策，使得中国企业的新建投资成本和风险有所降低。当然，一些东南亚国家，由于有着较强的独立意识，并且对投资本国的股权比例也有着较为严格的限制，因此在对这部分发展中国家投资时，适当选择少数股权投资比较适合。

总体看来，当企业确定投资目标时，应依据企业自身条件选择、利用东道国资源，在进行项目筹建时，要明确目标市场，并对投资项目进行充分、必要的可行性分析。当然，随着很多发展中国家的经济改革，对于外来投资者的态度也不再像从前那样排斥和严格限制，而逐渐向适当限制和鼓励转变。中国企业在对不同发展中国家投资时，也应时刻注意东道国的政策转变并及时地做出反应。

（三）对欠发达国家的投资可采取外包方式

近几年，承接服务外包的发展中国家数量激增，已成为全球服务外包市场上的重要承接方。而一些位于拉丁美洲、亚太地区的欠发达国家服务外包行业也开始迅速发展，逐渐成为服务外包行业发展的重要引擎。许多中小贫困、落后国家，如柬埔寨、肯尼亚、斯里兰卡等，国内的服务外包行业得到了飞速的发展。

因为劳动力成本、人力资源等方面的劣势，发达国家的服务外包行业的竞争力正在逐年下降。截至目前，前30强中的绝大部分都是发展中国家。2010年，TPIP离岸外包前10强中，发展中国家已经与发达国家平分秋色，各占一半，印度已经成为全球第一。因此，发达国家的服务外包行业已经不占优势。目前全球服务外包行业承接地已经进入新的发展状态，发展中国家独占鳌头。但一些发展中国家其劳动成本低廉的优势也正在减弱，因此对于中国企业而言，在对欠发达国家投资时，外包已成为比较理想的投资形式。

（四）对自然资源寻求型直接投资的方式应以合资为主

如前文分析结果，中国企业的对外直接投资具有较强的资源寻求性，同时自然资源寻求型投资也符合中国经济发展中所提出的"利用两种资源，开拓两个市场"的战略目标。由于石油、矿产等自然资源多集中分布在发展中国家，而对于一般的自然资源开发，各国又都有着严格的管理和限制。同时，对于涉及资源开发的项目，一般投资额都较为巨大。在这种情况下，采用合资方式投资将有利于分担投资国企业的资金占用，使得投资企业与东道国建立长期、稳定的合作机制，更好地实现风险共担和资源共享。当然，无论在投资进入模型选择中采取新建方式还是并购方式，这两种模式的区分并非绝对的，也并非一成不变的。

参考文献

[1] 寿慧生, 余宛阳. "一带一路"与全球发展和治理创新 [J]. 国别和区域研究, 2021, 6（02）: 12-34, 180-181.

[2] 贺双荣, 佟亚维. 中国与乌拉圭共建"一带一路": 进展、驱动因素及挑战 [J] 拉丁美洲研究, 2021, 43（06）: 67-87, 156-157.

[3] 张静, 熊学华, "一带一路"背景下企业境外投资风险浅析——以H集团公司为例 [J]. 对外经贸, 2021（12）: 26-29.

[4] 王伟. "一带一路"倡议下企业对外投资法律风险防范策略研究 [J]. 投资与创业, 2021, 32（23）: 16-18.

[5] 韦东明, 顾乃华, 徐扬. "一带一路"倡议与中国企业海外并购: 来自准自然实验的证据 [J]. 世界经济研究, 2021（12）: 116-129, 134.

[6] 杨洁. "一带一路"倡议下我国企业"走出去"直接投资税收风险及应对 [J] 全国流通经济, 2021（33）: 49-51.

[7] 田原. 我国对外投资合作现状、展望及发展策略 [J]. 中国国情国力, 2021（10）: 66-71.

[8] 陈章喜, 徐丝. "一带一路"背景下中国与南亚国家贸易的竞争性与互补性 [J] 华南师范大学学报（社会科学版）, 2018（1）: 110-191.

[9] 白一婷. "一带一路"背景下跨境基础设施投资基金风险的法律防范 [J]. 重庆文理学院学报（社会科学版）, 2021, 40（05）: 131-140.

[10] 罗迎. "一带一路"建设下中国海外投资风险准备金制度的构建 [J]. 经济法论丛 2020（02）: 130-152.

[11] 缪滟滟, 张媛媛. "一带一路"沿线地区投资对国内产业升级的影响 [J]. 扬州职业大学学报, 2020, 24（04）: 19-24.

[12] 陈积敏. "一带一路"建设的地缘政治风险及战略应对 [J]. 中国经贸导刊, 2017（21）: 9-12.

[13] 陈天一. "一带一路"倡议下中巴经济走廊问题研究 [J]. 廊坊师范学院学报